AF523016

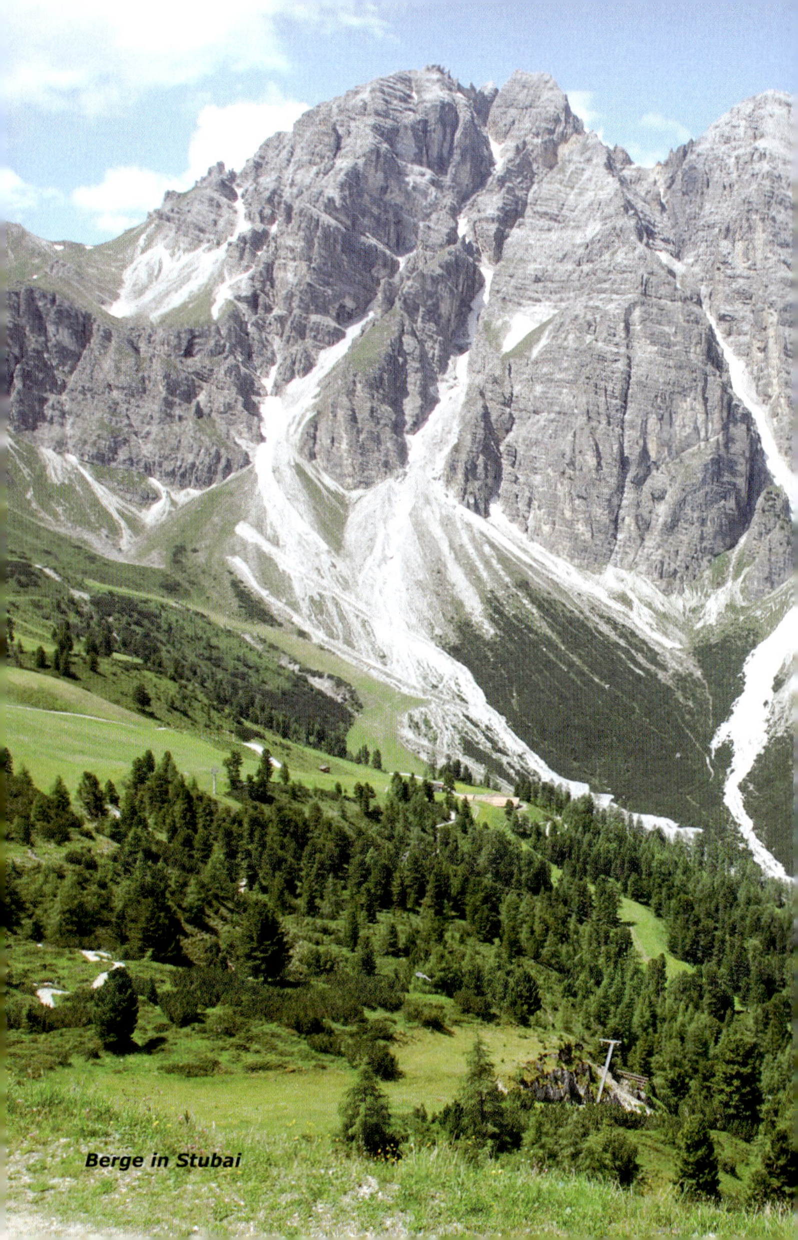

Berge in Stubai

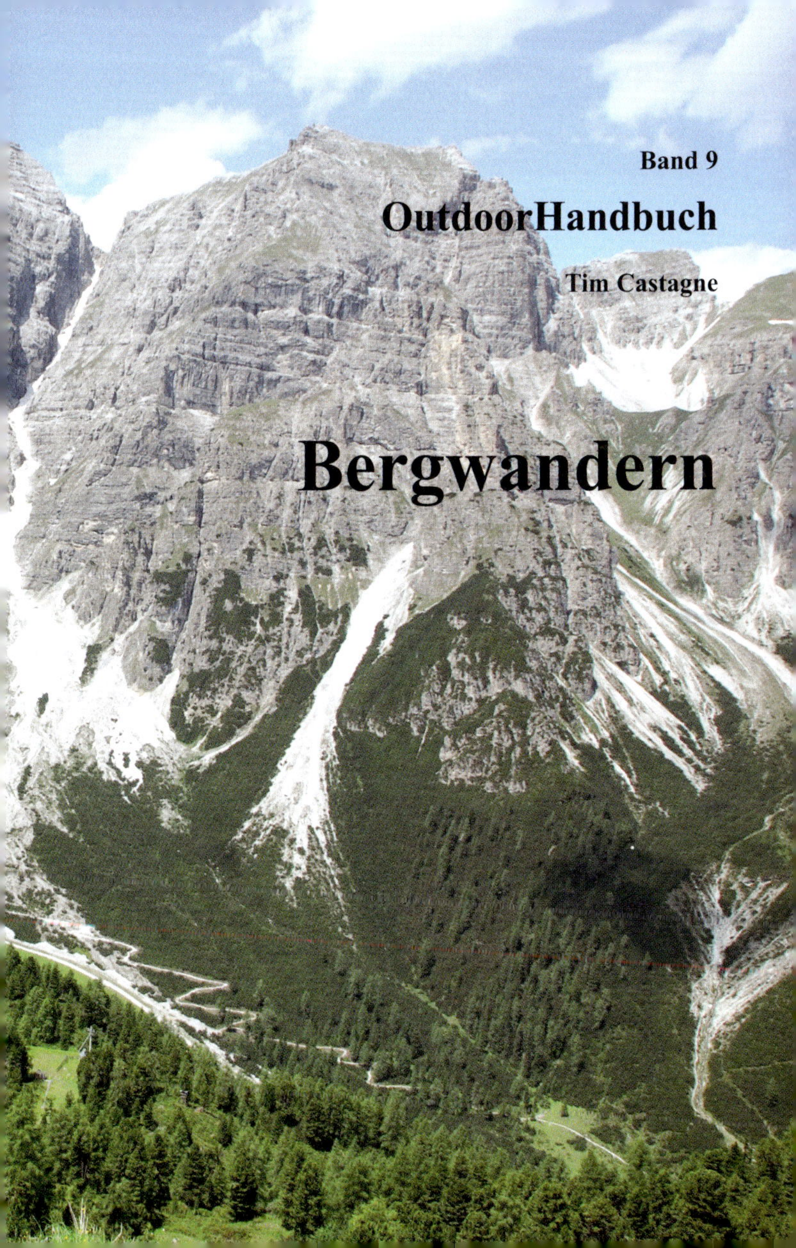

Band 9

OutdoorHandbuch

Tim Castagne

Bergwandern

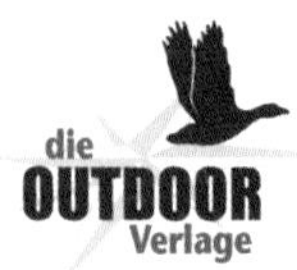

Der Autor und der Verlag sind für Lesertipps und Verbesserungen (besonders per E-Mail) unter Angabe der Auflagen- und Seitennummer dankbar.

Dieses OutdoorHandbuch hat 96 Seiten mit 20 farbigen Abbildungen sowie 20 farbigen Illustrationen. Es wurde auf chlorfrei gebleichtem Papier gedruckt, in Deutschland klimaneutral hergestellt und transportiert (die Zertifikatnummer finden Sie auf unserer Internetseite) und wegen der größeren Strapazierfähigkeit mit PUR-Kleber gebunden.

OutdoorHandbuch aus der Reihe „Basiswissen für draußen“, Band 9

ISBN 978-3-86686-009-4 3., überarbeitete Auflage

Dieses OutdoorHandbuch wurde konzipiert und redaktionell erstellt vom Conrad Stein Verlag GmbH, Postfach 1233, 59512 Welver, Kiefernstraße 6, 59514 Welver, ☏ 023 84/96 39 12,
FAX 023 84/96 39 13, info@conrad-stein-verlag.de,
www.conrad-stein-verlag.de,
www.facebook.com/outdoorverlage

Unsere Bücher sind überall im wohl sortierten Buchhandel und in cleveren Outdoorshops in Deutschland, Österreich und der Schweiz erhältlich.

Auslieferung für den Buchhandel:

D	Prolit, Fernwald und alle Barsortimente
A	freytag & berndt, Wolkersdorf
CH	AVA-buch 2000, Affoltern und Schweizer Buchzentrum
I	Leimgruber A & Co. OHG/snc, Kaltern
BENELUX	Willems Adventure, LT Maasdijk
E	mapiberia f&b, Ávila

Text und Fotos: Tim Castagne
Lektorat: Amrei Risse
Layout: Manuela Dastig
Gesamtherstellung: AZ Druck und Datentechnik GmbH, Kempten

Titelbild: © Outdoor-Archiv/Eisele-Hein (M)

Inhalt

Outdoorliteratur und Umweltschutz

- was könnte besser zusammenpassen? Wir vom Conrad Stein Verlag produzieren unsere Bücher so umweltschonend wie möglich.

Wir drucken klimaneutral!

Wir verwenden nicht nur umweltfreundliche Materialien, sondern arbeiten auch mit einer Druckerei zusammen, die sich für Klimaschutz engagiert. Dass beim Druck klimaschädliches CO_2 entsteht, lässt sich leider nicht vermeiden. Dies versuchen wir aber auszugleichen, indem wir Klimaschutzprojekte unterstützen - z.B. den Bau von Wasserkraftwerken, die besonders wenig CO_2 produzieren. So werden die Treibhausgase, die beim Druck unserer Bücher entstehen, an anderer Stelle eingespart. Auf unserer Homepage finden Sie für jedes Buch eine Climate-Partner-Zertifikatsnummer und einen Link zu der Seite www.climatepartner.com. Hier finden Sie weitere Informationen und können sehen, welche Umweltprojekte mit unseren Abgaben gefördert wurden.

Übrigens ...

... war der Conrad Stein Verlag der erste Buchverlag in Deutschland, der konsequent klimaneutral produzieren und transportieren ließ. Wir hoffen, dass uns viele andere Verlage auf diesem Weg folgen!

Über den Autor

Tim Castagne (47) ist den Bergen und dem Wandern seit vielen Jahren verbunden und hat seine Erfahrung bei verschiedenen Spielarten des Bergsports gesammelt, so auf Expeditionen in der hohen Arktis, beim Gleitschirmfliegen, Sportklettern, als Jugendleiter im Deutschen Alpenverein aber auch als Vater von zwei wanderfreudigen Kindern.

Seine Touren führten ihn aus dem schleswig-holsteinischen Flachland u.a. in die Alpen, Skandinavien, Spitzbergen, Grönland, Kasachstan, Neuseeland und Schottland - manchmal als Solotour, mit Freunden oder als Familienreise. Die schönen Erlebnisse, aber auch die unvorhersehbaren Hindernisse und dummen Fehler, die ihm auf seinen Reisen begegnet sind, hat er zu einem ganz persönlichen Ratgeber zusammengefasst.

Symbole

💻	Homepage	☎	Telefon	☞	Verweis
FAX	Telefax	☺	Tipp		

Vorwort

Dieses OutdoorHandbuch soll allen Bergbegeisterten ein hilfreicher Ratgeber sein - es ist kein Erlebnisbericht und keine Hymne an die Berge, es ist auch kein Führer mit Routenbeschreibungen für einzelne Gebiete. Vielmehr werden dem Leser ein paar Details zum Handwerk Bergwandern angeboten, mit denen sich eine Tour planen, durchführen und genießen lässt. Das Buch versteht sich als Handbuch und soll praktisches Wissen vermitteln.

Unter dem Begriff Bergwandern verstehe ich Touren im Gebirge, die in erster Linie dem Vergnügen an der Natur und der Entspannung dienen. Techniken der Sportkletterei, des Bergsteigens und für Eistouren werden hier nur so weit erklärt, als sie für eine Wanderung von Bedeutung sein könnten und auch von Wanderneulingen ohne alpine Erfahrung angewandt werden können.

Der Bergwanderer in den Alpen, in Skandinavien oder auch im Mittelgebirge bedient sich, wenn möglich, markierter Wege und sucht nicht die Herausforderung schweren Geländes. Es geht ihm nicht um die sportliche Höchstleistung oder das Bezwingen extremer Schwierigkeiten, sondern vielmehr um die Bewegung in der Natur und das Erlebnis der Majestät der Berge - dass jeder Leser dies auf die für ihn optimale Weise genießen kann, ist das Ziel dieses OutdoorHandbuches.

Eine gelungene Bergwanderung fängt schon zu Hause an. Auf die kommende Wandersaison bereitet man sich im vorangehenden Winter vor, die einzelnen Touren plant man rechtzeitig im Voraus. Eine gute Vorbereitung auf eine Bergtour sollte eine Selbstverständlichkeit für jeden Wanderer sein. Dabei spielt es keine Rolle, ob es nur um einen Wochenendausflug oder um eine mehrwöchige Reise geht. Ein großer Teil der schweren und schwersten Unfälle in den Alpen geht auf schlechte Vorbereitung und Selbstüberschätzung zurück.

Die Organisation und Planung einer Wanderung dient nicht nur der Sicherheit, sie sorgt auch für Vorfreude auf die Tour und lässt einen die Berge bewusster und entspannter erleben.

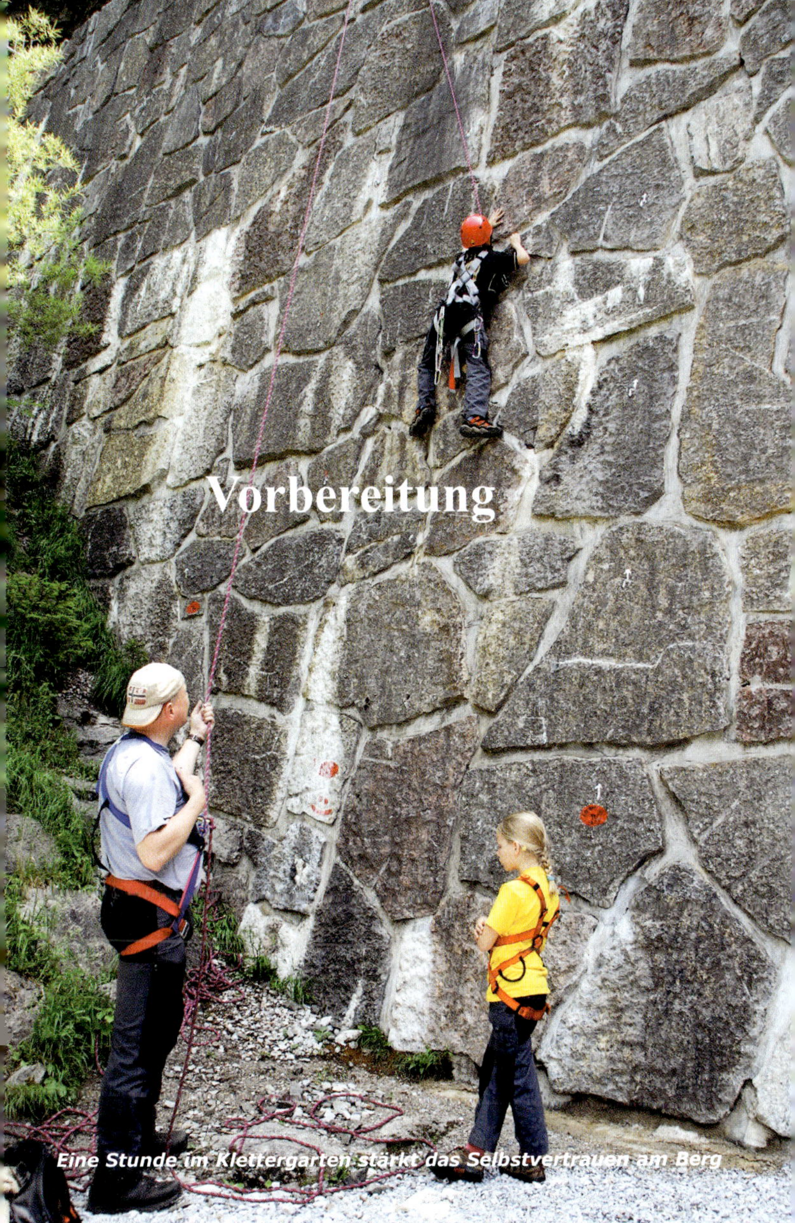

Vorbereitung

Eine Stunde im Klettergarten stärkt das Selbstvertrauen am Berg

Training

Die wenigsten Bergwanderer leben ständig in den Bergen, normalerweise ist die heimatliche Gegend deutlich flacher und vom nächsten Gebirge ein gutes Stück entfernt. Wenn es nun im Urlaub einige Tage steil bergauf und bergab gehen soll, betritt man ungewohntes und anstrengendes Gelände. Auch wenn Wanderer keine hochalpinen Gipfel stürmen oder extreme Ostwände durchturnen wollen, haben sie - vielleicht beladen mit einem Rucksack und gewichtiger Ausrüstung - eine anstrengende Urlaubsform gewählt.

Wenn Sie erst am Berg feststellen, dass Sie für die Tour nicht „fit" genug sind, ist es meist zu spät; im besten Fall kann man die Wanderung abbrechen oder abändern. Aber die Freude an einer Tour geht schnell verloren, wenn die Oberschenkel beim Abstieg brennen, der Aufstieg schon vor dem Ziel abgebrochen werden muss oder der Muskelkater vom Vortag Sie an einem schönen Wandertag im Tal festhält. Wenn Sie sich schon zu Hause mit etwas Sport vorbereitet haben, dann wissen Sie eher, wo die persönlichen Grenzen liegen, und können die Berge richtig genießen.

Bei einer Bergwanderung geht es schließlich in erster Linie um den Spaß an und in der Natur, man will die Berge erleben und nicht die körperliche Herausforderung suchen. Deshalb brauchen Wanderer auch kein Trainingsprogramm wie Leistungssportler (zu denen auch ihre entfernten Verwandten, die Sportkletterer und Extrembergsteiger, gehören). Aber eine gute Grundausdauer sollten Sie schon mitbringen - nicht nur zum Bergwandern!

Als gute Vorbereitung auf Bergtouren dient auf alle Fälle schon einmal die **Gymnastik**, die man z.B. auch zum Skilaufen im Frühjahr braucht. In erster Linie ist aber die Ausdauer gefordert. Die ist nicht in ein paar Wochen hergestellt, nachdem man einen langen Winter vor dem Kamin gesessen hat. Vielmehr sollten Sie das ganze Jahr über in Maßen Sport treiben.

Ideal als Vorbereitung auf Bergwanderungen ist **Radfahren** mit dem Mountainbike oder Rennrad: Es schont die Gelenke und trainiert genau die Muskeln, die Sie zum Steigen brauchen. **Joggen** ist weniger materialaufwendig und bringt auch eine gute Ausdauer, ist aber für die Muskulatur nicht so eine optimale Vorbereitung wie das Radfahren.

Ausgiebige **Wanderungen**, z.B. an Wochenenden, sind ebenfalls eine gute Vorbereitung auf die Berge. Neben dem Trainingseffekt hat das noch den Vorteil, dass Sie sich an Ihre Ausrüstung - z.B. Stiefel und Rucksack - gewöhnen können.

Welche Sportart Sie sich aussuchen, um die nötige Kondition zu bekommen, und wie intensiv Sie sie betreiben, hängt letztendlich vom Schwierigkeitsgrad der ausgewählten Wanderroute ab. Die beste Vorbereitung ist immer noch eine **leichtere Bergtour**. Wenn Sie eine längere Wanderung über mehrere Tage planen, sollten Sie sie deshalb mit einigen ruhigen Tagen in mäßiger Höhe beginnen, in denen Sie die Leistung langsam steigern. So gewöhnen Sie sich an den unbequemen Rucksack, stellen den Kreislauf auf den Höhenunterschied ein und können den Wanderurlaub vom ersten Tag an genießen.

Partnerwahl

Wenn Sie nicht gerade die populärsten Alpenvereinshütten zur Haupturlaubszeit anlaufen, können Sie durchaus in den Genuss der Menschenleere der Bergwelt kommen. Sind Sie dabei nicht allein unterwegs, dann sollten Sie Begleiter dabeihaben, mit denen Sie dieses Erlebnis gern teilen. Bei schweren Wanderungen ist mindestens ein Partner unverzichtbar, um z.B. eine Seilschaft zu bilden oder Hilfe leisten zu können.

In der Regel weiß man schon lange vor der Bergtour, wer einen begleiten wird. Die oder der Lebensgefährtin/-gefährte, ein Freund, eine Vereinsgruppe oder der vertraute Tourenpartner vielleicht - auf jeden Fall jemand, mit dem man gern unterwegs ist, unabhängig davon, ob er/sie die ideale Wahl für eine bestimmte Tour ist.

Wenn Sie sich allerdings in der Situation befinden, einen Partner aussuchen zu müssen, weil Sie z.B. eine schwierige oder lange Wanderung geplant haben und dafür noch einen Mitstreiter brauchen, dann sollten Sie ein paar Kriterien beachten. Der oder die Begleiter/in sollte über die der Tour entsprechende Erfahrung verfügen, was bedeutet, dass er/sie schon vergleichbare Wanderungen gemacht hat. Ebenso selbstverständlich sollte die erforderliche Fitness vorhanden sein.

Wenn Sie eine **Gruppe** zusammenstellen, dann sollten Sie darauf achten, dass Sie Leute mit den Fähigkeiten wählen, die während der Wanderung benötigt werden. Auf einer Wintertour sollte z.B. jemand mit Erfahrung in Lawinengefahr und Schneeverhältnissen dabei sein, bei langen Wanderungen in Wüsten, im Wald, im Hochland oder auf ausgedehnten Gletschern sollte sich jemand gut mit dem Kompass auskennen.

Tour zu zweit

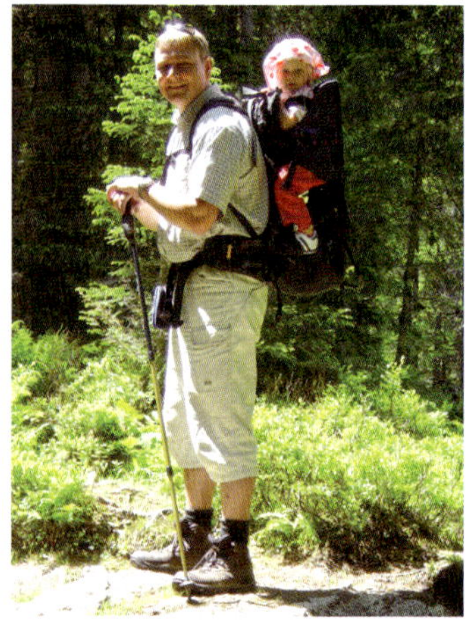

Selten wird das „Angebot“ an möglichen Partnern so groß sein, dass Sie strenge Auswahlkriterien anlegen müssen. Das Wichtigste ist in jedem Fall, dass Sie gut miteinander auskommen, denn für die nächsten Tage oder Wochen werden Sie zwangsläufig viel zusammen sein.

Nur mit einem guten Kontakt und dem nötigen Vertrauen zu seinen Tourenpartnern lassen sich auch unvorhergesehene Situationen meistern. Wer einmal eine Woche Dauerregen im Zelt im schottischen Hochland abwarten musste, wird wissen, wie wichtig es ist, sich mit seinen „Leidensgenossen“ gut zu vertragen.

Tourenwahl

Während die Begleiter oft von vornherein feststehen, muss die Wahl der Wanderroute jedes Mal von Neuem getroffen werden. Die Entscheidung für ein Wandergebiet hängt dabei zuerst einmal von Umständen ab, die man nur bedingt beeinflussen kann. Man hat nicht unbegrenzt Zeit, vielleicht einen Urlaub von zwei Wochen oder nur ein langes Wochenende.

Je enger der Zeitplan ist, desto näher sollte das Reiseziel liegen - der Erholungseffekt ist schnell dahin, wenn Sie die Hälfte Ihres Urlaubs in der Bahn oder auf der Straße verbringen.

Dann spielt natürlich die Finanzkraft eine Rolle: Sie werden Ausgaben für An- und Abreise haben, eventuell noch Ausrüstung auswechseln oder anschaffen müssen, Sie brauchen Verpflegung, Unterkunft und einiges mehr. Wenn Sie nicht gerade exotische Fernziele ansteuern, haben Sie als Bergwanderer aber wohl eine der billigsten Urlaubsarten gewählt.

Steht der Rahmen für die Planung fest (Partner, Zeit, Geld), können Sie sich den Feinheiten widmen. Bei der Suche nach dem richtigen Wandergebiet müssen Sie Ihre Vorstellungen von einer schönen Tour mit den erreichbaren Gebieten in Einklang bringen. Vielleicht wollen Sie gern ein paar Gipfel besteigen oder von Hütte zu Hütte wandern oder bestimmte Sehenswürdigkeiten auf Ihrem Weg finden. Es gibt so viele Wandermöglichkeiten, wie es Wanderer gibt. Einige allgemeine Punkte sollten Sie aber immer beachten, um einen möglichst gelungenen Urlaub zu planen:

1. Je länger ein Urlaub ist, desto mehr Ausweichmöglichkeiten sollten Sie vorsehen. Es wäre doch schade, wenn Sie wegen schlechten Wetters eine Woche im Tal vergeuden müssten. Wenn Sie vorher schon auf die Karte geschaut haben, dann wissen Sie schnell, wo ein anderes passables Wandergebiet liegt oder wo Sie ein paar schlechte Tage auf eine andere Art überstehen können. Anregungen und Unterlagen gibt es schon im Reisebüro um die Ecke, aber Vorsicht - dort hat jedes Gebiet 365 Sonnentage und ein Hallenbad und ist der Geheimtipp der Saison!

Wenn ich in ein mir noch unbekanntes Gebiet fahre, besorge ich mir gern vorher einen Reiseführer bzw. „google“ die Region, um etwas über die Sehenswürdigkeiten, Gebräuche und Besonderheiten zu erfahren. Das schürt die Vorfreude und hilft bei kurzfristigen Planänderungen vor Ort.

2. Natürlich soll das Wandergebiet zu den eigenen Fähigkeiten passen. Gute Wanderführer oder auch Karten geben Aufschluss über die zu erwartenden Schwierigkeitsgrade. Es sollte immer etwas Spielraum sein, weil die Touren durch das Wetter erschwert werden könnten (später Schneefall, Eis, Regen), oder wenn man nicht weiß, nach welchen Maßstäben die Schwierigkeitsbewertung stattgefunden hat.

So sind die Angaben über Wanderzeiten, die der Alpenverein in seinen Führern macht, für „Normalwanderer" durchaus zutreffend. Der DNT, die norwegische Variante des Alpenvereins, hat seine Zeit- und Schwierigkeitseinschätzungen allerdings eher für erfahrenes und gut trainiertes „fjellfolk" getroffen. Wenn Sie sich nicht sicher sind, was Sie von den Angaben über Ihr Wandergebiet zu halten haben, dann planen Sie für die ersten Tage einfach kürzere Strecken ein, die Sie auf alle Fälle schaffen können, ohne zu rennen - danach wissen Sie, wie Sie das Gelände einzuschätzen haben.

Sind keine guten Führer über das Gebiet zu finden, in das Sie gerne fahren möchten, holen Sie sich am besten Informationen bei Leuten, die die Gegend kennen, oder besorgen sich in einem Reisebüro die Adresse des örtlichen Fremdenverkehrsamtes. Ist nichts von beidem aufzutreiben, nehmen Sie sich etwas mehr Zeit und erkundigen sich vor Ort bei der Bergrettung, Hüttenwirten oder Bauern über den Zustand der Wege und andere wichtige Details.

Auch im Internet sind gute Hinweise zu finden (☞ Anhang).

3. Sie sollten wissen, ob das Wandergebiet zu der Jahreszeit passt, in der Ihr Urlaub liegt. Im Frühjahr sind in den Alpen viele Wege noch verschneit und die Hütten verschlossen. In Schweden, Norwegen und Finnland ist der Juli nicht der beste Monat - die Niederschlagsmenge ist hoch und die Mücken sind davon begeistert. Auch in den Alpen wimmelt es im Sommer - von erholungssuchenden Touristen, Wanderern, Bergsteigern.

Einige Gebiete sind zu den Hauptreisezeiten regelrecht überlaufen. Wer sich daran nicht stört, hat Glück, wer zu dieser Zeit Ruhe und Abgeschiedenheit sucht, muss zumindest in den Alpen weit fahren und in guter Form sein.

Berge in Südafrika

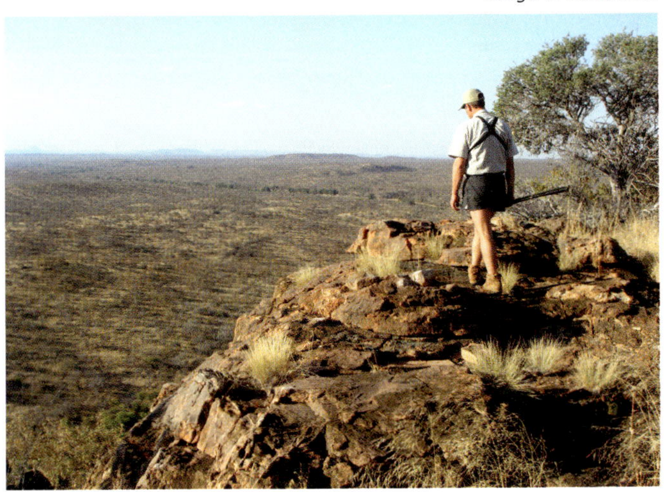

4. Wenn die Wanderung auf größerer Höhe verlaufen soll (2.000 m Unterschied zur heimatlichen Höhe), dann sollte die Gewöhnung daran bei der Tourenplanung berücksichtigt werden. Wenn es auch verlockend ist, mit Auto, Lift oder einem anderen Transportmittel möglichst hoch hinaufzukommen, um sich den lästigen Anstieg zu ersparen, dankt es Ihnen Ihr Organismus, wenn Sie ihm große Höhenunterschiede nur in kleinen Portionen zumuten. Also lieber die eine oder andere Übernachtung in mittleren Höhen einplanen, dann bleibt Ihnen auch „oben" nicht so schnell die Puste weg. Ganz gefährlich wird es mit Fernreisen, die „einfache, kurze" Treks im Hochgebirge anbieten - da kann dic Tour durchaus auf 3.000 m oder höher beginnen, die Sie schon beim Verlassen des Flugzeuges erreicht haben, z.B. in den Anden oder im Himalaja.

Mit solchen Höhen ist nicht zu spaßen. Abgesehen von Unbequemlichkeiten wie trockenen Schleimhäuten, Husten und Kurzatmigkeit kann es in schlimmen Fällen zu Herz- und Lungenproblemen sowie allen Symptomen der Höhenkrankheit kommen. Hier kann eine angemessene Akklimatisierung schon eine Woche oder mehr dauern, die Sie am besten mit leichten Touren in langsam steigenden Höhen verbringen. Ein professioneller Reiseanbieter, den Sie schon von zu Hause gebucht haben sollten, und der über erfahrene Führer verfügt, weiß um die Gefahren der hohen Regionen und hat seine Touren entsprechend aufgebaut.

☺ Vor der Reise ist ein gründlicher medizinischer Check natürlich Pflicht.

Bergwandern mit Kindern

Wenn Sie die Berge aus einem ganz neuen Blickwinkel kennen lernen wollen, müssen Sie mit Kindern wandern. Der Blick geht von der Fernsicht und den umliegenden Bergen und Tälern zurück auf die kleinen Dinge am Wegrand, von der sportlichen Befriedigung eines erreichten Gipfels zu vielen Einzelerlebnissen auf dem Weg dorthin. Die Beschreibung einer kleinen Tour im Stubai, die sich bei mir so anhören würde: „Parkplatz Oberberg - Auffangalm - Brandstattalm - Seblasspitze", klingt bei meiner Tochter (9) eher so: „durch den Ameisen-Wald, zu dem lustigen Hüttenwirt, dann da lang, wo wir die Murmeltiere gesehen haben, bis auf den Berg, wo ich richtig klettern musste".

Eine richtig geplante, entspannte und „kindgerechte" Tour ist in der Regel nicht die Route, die Sie sich gesucht hätten, wenn Sie allein oder mit anderen „Großen" unterwegs gewesen wären. Sie verzichten auf die sportliche Herausforderung, die Ruhe am Berg, das Gehen im eigenen Rhythmus. Aber für diese kleine Investition erleben Sie eine neue Erfahrung zusammen mit Ihren Kindern, freuen sich über den gemeinsamen Weg und gewinnen - wenn Sie Glück haben - Tourenpartner für noch viele gemeinsame Wanderungen. Die Lust am Bergwandern ist nicht selbstverständlich, nur weil Sie selbst gern in die Berge gehen.

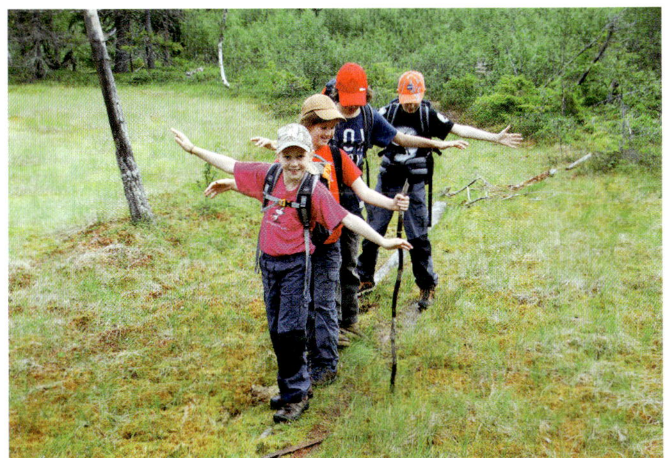

Der Weg ist das Ziel

Sie können sie wecken und fördern, indem Sie Ihrem Kind ein positives Erlebnis ermöglichen: einen Mix aus Abenteuer, gemeinsamen Erleben, Sport, Erholung, Belohnung und Herausforderung zum Beispiel, abgestimmt auf die Vorlieben und Möglichkeiten des Kindes. Dazu gehört auch, dass Sie mal eine Tour noch vor dem Gipfel abbrechen oder ändern, wenn Ihr kleiner Partner einfach keine Lust mehr hat oder aus der Puste ist. Die Freude auf die Berge ist kostbar und kann schnell verdorben werden!

Um die Motivation auf einer längeren Wanderung aufrechtzuerhalten, können Sie das Kind gern mal eine Weile die Führung übernehmen lassen und es loben, wenn es Sie richtig auf den Berg bringt, Sie können einen Felsen erklettern statt ihn zu umgehen oder einen Badestopp an einem Bergsee einlegen. Eine Kleinigkeit wie der Eintrag im Gipfelbuch und ein Extra-Stück Schokolade am Gipfel ist für meine Kinder die Krönung einer Bergtour und die Vorfreude darauf kann schon einmal über eine kleine Unlust im Aufstieg hinweghelfen.

Ganz wichtig ist es, viel mehr Zeit einzuplanen, als wenn man in seinem eigenen Tempo gehen würde. Man braucht immer Reserven, um einen komisch gewachsenen Baum zu beklettern, einen kleinen Bach zu stauen, das schönste Stück Rosenquarz zu finden oder ein Altschneefeld herunterzurutschen. Kinder genießen die Bergwelt auf andere Art als Erwachsene, davon dürfen Sie sich gern anstecken lassen. Pausen sind wichtig - lassen Sie sich nicht täuschen, die Kinder werden nicht so schnell müde, aber die Motivation kann bei steilen oder langweiligen Passagen leiden. Wer bereits mit Kindern gewandert ist, hat bestimmt schon erlebt, dass sich der kleine Tourenkamerad mit letzter Kraft, maulend und böse den letzten Anstieg zur Hütte hochschleppt - um dann keine fünf Minuten später mit anderen Kindern loszutoben und im Galopp die Umgebung auszukundschaften.

Bei der Ausrüstung gibt es nicht viel Besonderes zu bedenken - für die Kleidung gilt dasselbe wie bei den Erwachsenen. Die Schuhe müssen fest zu schnüren sein, gut passen und ein ordentliches Profil haben, es müssen bei normalen Bergtouren aber nicht unbedingt die teuersten Bergschuhe sein, weil auf Kinderfüße nicht die gleichen Hebel und Kräfte wirken wie bei einem schweren, großen Erwachsenen.

Kinder kühlen schneller aus als Erwachsene, also sollte immer ein warmer Pullover oder eine Jacke dabei sein. Auch eine Mütze ist Pflicht. In vielen Outdoor- oder Jagdgeschäften bekommen Sie Kappen in leuchtendem Orange, meist sehr günstig und oft sogar als Werbegeschenk. So eine Schirmmütze erfüllt ihren Zweck, der Kopf ist geschützt, das Kind auch auf größere Entfernung leicht zu sehen und die Mütze einfach wiederzufinden, wenn eine Böe am Grat sie Ihnen entführt. In sehr steilem Gelände ist ein Helm anzuraten, der vor Steinschlag schützt. Den Großteil der Ausrüstung werden zwar immer die Erwachsenen tragen, ein kleiner Rucksack ist aber auch für Kinder zu empfehlen - es gibt ihnen das Gefühl, ein vollwertiges Touren-Mitglied zu sein, und schützt den Rücken bei Ausrutschern in steinigem Gelände.

Kinder entwickeln erst mit den Jahren Höhenangst, Schwindelgefühle und Angst vor steilen Stellen. Sie laufen also unbeschwerter als Erwachsene durch die Berge, was Sie nur sparsam unterbinden sollten - hier gilt es, die Balance zwischen notwendiger Einschränkung (z.B. beim Klettern in brüchigem Gestein oder an kritisch steilen Passagen) und dem Spaß an der freien Bewegung zu finden. Trauen Sie Ihren Kindern ruhig etwas zu und lassen Sie sie ihre eigenen „Bergfüße“ entwickeln.

Früh übt sich ...
Sichern mit dem Kurzseil

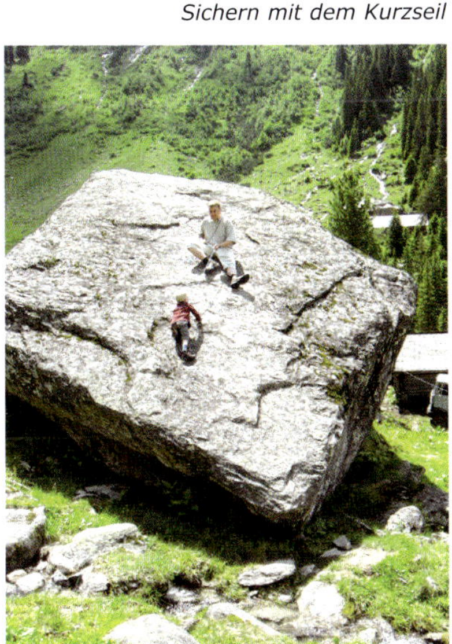

Sollten sich Kletterstellen, Geröllfelder und steile Firnfelder nicht vermeiden lassen, dient es der Sicherheit und der Beruhigung Ihrer Nerven, wenn Sie die Kinder „an die Leine“ nehmen. Dazu legen Sie den Kleinen Kombigurte an und nehmen sie an ein Kurzseil. Der Gurt, ein einteiliger Klettergurt, den es auch für kleines Geld in Kindergröße gibt und der einfach anzupassen ist, muss eng genug sitzen, damit er die Bewegung nicht einschränkt, aber auch nicht von den Schultern rutschen kann. Ein kurzes Seil (Halbseil, halber Durchmesser eines normalen Kletterseils) von 10-15 m Länge können Sie im Bergsportladen von der Rolle kaufen. Dieses befestigen Sie direkt am Klettergurt (nicht mit einem Karabiner - im Falle eines Sturzes kann dieser hochschnellen und das Kind im Gesicht verletzen!). Das andere Ende befestigen Sie entweder am eigenen Gurtzeug oder winden es um den Körper. Nun kann die Überquerung der heiklen Stelle beginnen: Das Kind geht vor; das Seil sollte dabei nicht auf dem Boden schleifen und auch nie straff sein. Wenn die Gefahr besteht, dass das Kind fallen oder rutschen könnte (z.B. bei der Querung eines Schneefelds), sichern Sie aus dem Stand heraus, so weit das Seil reicht, lassen das Kind dann warten, während Sie nachkommen, und arbeiten sich so durch die Schlüsselstelle hindurch. Das Ganze klingt für Erwachsene schwer und kompliziert - für Kinder kann eine angeseilte Passage ein großes Abenteuer und schöner Tour-Höhepunkt sein!

🕮 **Wandern mit Kind** von Kerstin Micklitza, Conrad Stein Verlag, OutdoorHandbuch Band 15, ISBN 978-3-86686-015-5, € 7,90

Nun sind Sie eigentlich soweit: Sie wissen, mit wem und wohin Sie fahren und was Sie dort für Touren erwarten. Die folgenden Kapitel sollen dem Neuling in den Bergen die grundsätzlichen Techniken erklären und hilfreiche Tipps geben sowie dem erfahrenen Bergwanderer als Checkliste für die wichtigsten Punkte vor und bei der Wanderung dienen.

Wenn Sie eine besondere Wanderung vorbereiten, in einer unerschlossenen Gegend oder mit außergewöhnlich schwierigen Passagen versehen, dann ist eine gründlichere Vorbereitung nötig. In diesem Fall gibt es detailliertere und weiterführende Literatur zu den einzelnen Themen. In diesem Buch werden jedoch alle Punkte angesprochen, die für eine genussvolle und sichere Bergwanderung entscheidend sind.

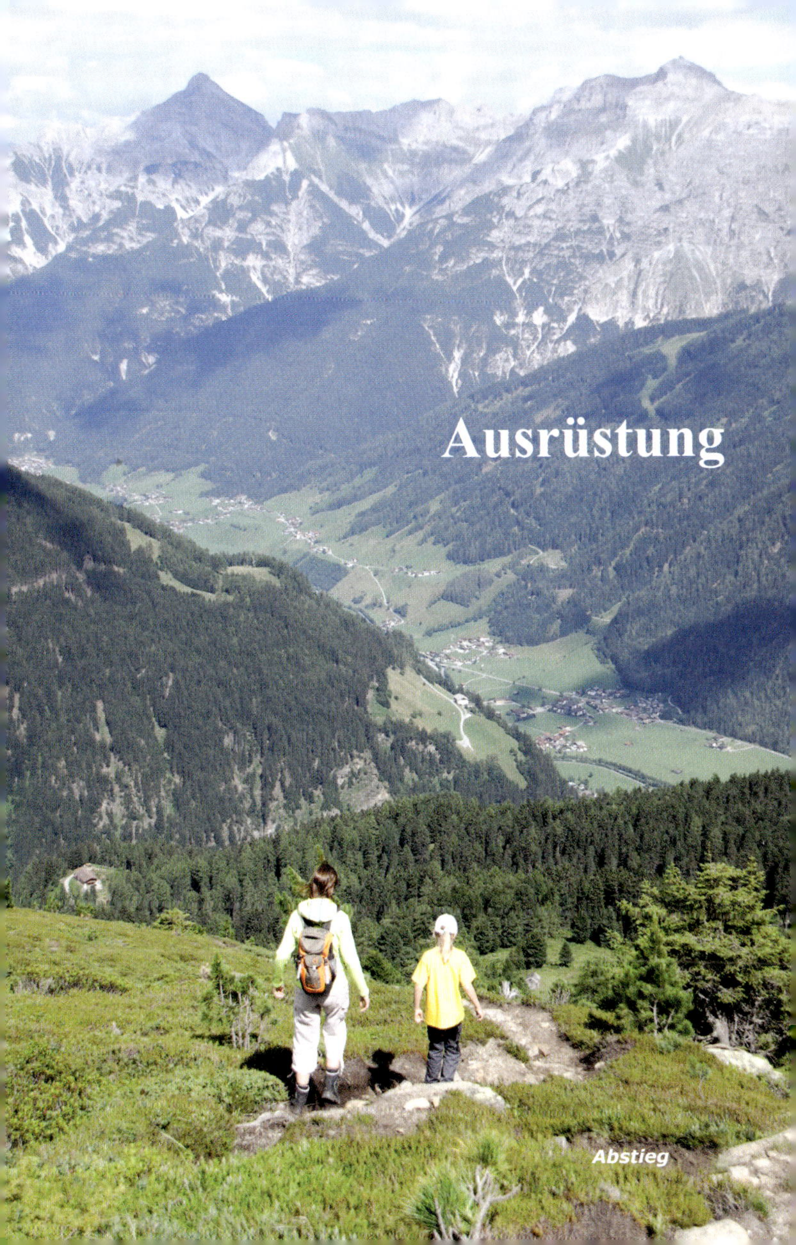

Ausrüstung

Abstieg

Weitaus mehr Geld als für die eigentliche Wandertour können Sie für Ausrüstungsgegenstände ausgeben. Für den Preis einer modernen Jacke mit windabweisender, atmungsaktiver Membran in den Farben der Saison können Sie schon ein paar schöne Tage in den Bergen inklusive Fahrtkosten und Verpflegung verbringen. Das Angebot ist riesig und wächst noch weiter an, den Überblick kann dabei niemand lange behalten. Worauf Sie bei Kauf achten sollten und was wirklich wichtig ist:

Kleidung

Da die Kleidung den Zweck hat, zu wärmen und vor Wind und Wetter zu schützen, sollten Sie sie auch nach diesem Grundsatz zusammenstellen. Modische Farben und Schnitt treten dabei in den Hintergrund, man stellt sich je nach Wandergebiet und Jahreszeit passende und funktionelle Sachen zusammen.

Kälteschutz ist das Wichtigste, was man auf einer Bergtour von seiner Kleidung erwartet. Die nötige „Betriebstemperatur" für den Körper herzustellen, kostet den Organismus eine Menge Energie, die Sie ökonomischer einsetzen können. Die Körperwärme nicht zu verschwenden und trotzdem ein bequemes Klima zu schaffen, diese Kunst gilt es zu beherrschen.

Wenn man in Bewegung ist, z.B. bei einer Wanderung auf einen Berggipfel, wird man für gewöhnlich schnell warm. Ist man dann am Gipfelkreuz angelangt und legt eine verdiente Rast ein, kann es plötzlich klamm werden, wenn der Wind die durchgeschwitzte Kleidung auskühlt. Genauso ergeht es einem, wenn man aus der Leeseite eines Hanges heraustritt und plötzlich im Wind steht.

Damit Sie sich nicht bei jeder Winddrehung umziehen müssen, stellen Sie Kleidung so zusammen, dass Sie auf einfache Weise die Temperatur regeln können.

Zuerst sei dabei von einer Wanderung in großer Höhe oder in der kalten Jahreszeit ausgegangen. Die alte Weisheit, dass mehrere dünne Schichten wirksamer sind als wenige dicke, hat dabei natürlich noch immer ihre Gültigkeit. Die vielen Luftpolster zwischen den Kleidungsschichten bleiben bei einer Bewegung in Körpernähe und isolieren daher sehr gut, wobei zugleich die Bewegungsfreiheit erhalten bleibt.

Auf der Haut ist eine dünne Funktionsunterwäsche nützlich, denn sie gibt Feuchtigkeit an die äußeren Kleidungsschichten weiter und hält dabei die Hautoberfläche trocken. Je nach Bedarf folgen weitere Schichten aus langer Baumwollunterwäsche, dünnen Pullovern und Kniestrümpfen.

Nach außen schützt ein dickerer Pullover aus Wolle, noch besser aus leichtem Polyesterfleece oder Faserpelz, Materialien, die auch in feuchtem Zustand noch wärmen. Eine winddichte Jacke bildet die äußere Schicht; sowohl sie als auch der darunterliegende Pullover sollten vorn über Reißverschlüsse zum Regulieren der Körpertemperatur verfügen.

Für die **Beine** brauchen Sie Hosen, die warm sind und in denen Sie sich trotzdem gut bewegen können. Moderne Mikrofasern und funktionelle Schnitte sind hier das Gebot der Stunde. Der Stoff sollte schnell trocknen, an Knien und Hosenboden verstärkt sein und an den Schlägen eng bzw. verstellbar sein, damit die Hose dicht an den Stiefelschäften anliegt. Taschen an den Außenseiten der Oberschenkel sind sinnvoll, weil der Hüftgurt des Rucksacks die normalen Taschen schwerer erreichbar macht. Jeans, die einmal nass geworden sind, trocknen manchmal den ganzen Tag nicht wieder.

Die **Füße** stecken in dünnen Socken aus Baumwolle oder Seide, damit Sie nicht so schnell Blasen bekommen. Darüber kommen Kniestrümpfe oder dicke Socken aus gewalkter Wolle oder Faserpelz. Sie sollten warm und bequem sein und den Fuß im Stiefel nicht einschnüren. Bei Regen, Schnee, nassem Gras, dornigem Gestrüpp oder sumpfigem Boden sind Gamaschen eine zusätzliche Hilfe, denn sie verhindern, dass Schmutz und Feuchtigkeit von oben in den Stiefel eindringen und schützen zusätzlich noch die Hosenbeine vor Dreck und Rissen.

Hals und Nacken sind vom Jackenkragen meist nur unzureichend geschützt. Dagegen hilft ein dünner Schal oder ein „Neckwarmer" aus Fleece, den Sie auf alle Fälle im Rucksack bei sich haben sollten. Bei

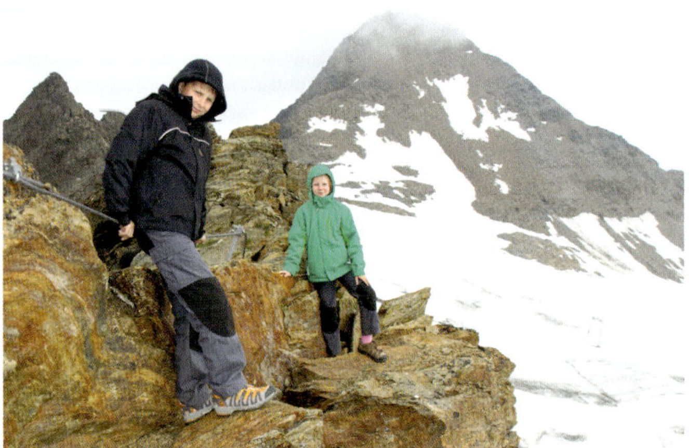

Warme und bequeme Kleidung ist das A und O beim Bergwandern

starkem Wind oder grimmiger Kälte stülpen Sie sich eine Balaclava (Gesichtsmaske) über, auf eine Mütze sollten Sie nie verzichten.

Schließlich noch die **Hände**: Ideal ist die Kombination aus dünnen Fingerhandschuhen (aus Baumwolle in jedem Kaufhaus für ein paar Euro zu finden) und dicken Fausthandschuhen. Wenn Sie einen Reißverschluss bedienen oder die Finger sonst wie benutzen müssen, dann ziehen Sie nur die Überhandschuhe aus. Wichtig ist, dass die Handgelenke gut verpackt sind. Tragen Sie zu den Innenhandschuhen noch Pulswärmer, können Sie auch bei extremer Kälte noch eine ganze Zeit ohne Fäustlinge arbeiten.

Im Hochsommer an einem windstillen Tag zu wandern, verlangt der Kleidung wenig Besonderes ab. Ein trockenes Hemd, um das durchgeschwitzte bei einer längeren Pause wechseln zu können, eine Windjacke oder ein dünner Pullover zur Reserve im Rucksack, bequeme Kleidung am Körper, das reicht meist aus. Wer stark schwitzt, sollte auf schnelltrocknende Funktionskleidung zurückgreifen, z.B. Sportunterwäsche.

Einen **Hut** oder eine Kappe sollten Sie immer tragen: gegen die intensive Sonneneinstrahlung im Gebirge, gegen Regen und Wind und gegen das zu schnelle Auskühlen.

Stiefel

Gutes Schuhwerk ermöglicht es nicht nur, eine Wanderung ohne Drücken und Scheuern zu genießen, es ist in erster Linie ein Sicherheitsfaktor. In felsigem oder steilem Gelände, vielleicht noch mit einem schweren Rucksack beladen, kann ein einfacher Stolperer schon gefährlich sein, denn ein Sturz bringt fast immer irgendwelche Verletzungen mit sich. Trittsicherheit ist nicht nur eine Frage der Erfahrung, sondern auch der Griffigkeit der Schuhe.

Für die meisten Wanderungen sind **Trekkingstiefel** am besten geeignet. Sie sind leicht, schnell eingelaufen und sehr bequem. Beim Kauf sollten Sie darauf achten, dass sie deutlich über die Knöchel reichen, um den Seitenhalt des Fußgelenks zu unterstützen. Das Material sollte nicht zu weich sein, damit der Fuß auch in unebenem Gelände guten Halt hat. Auf Treppenstufen können Sie dies schon im Kaufhaus ausprobieren.

Die Sohle ist heute bei den meisten Stiefeln von guter Qualität. Wenn sie nicht direkt auf das Obermaterial geschweißt ist, sondern erneuert werden kann, bleiben die Schuhe länger erhalten. Oft werden heute Schuhe mit Gore-Tex oder anderen Membranen angeboten. Dies ist allerdings nur etwas für Leute, die von Natur aus trockene Füße haben, da die Feuchtigkeit von innen trotz „Mikroporen“ nicht so einfach entweichen kann.

Wenn Sie eine Wanderung in schwerem Felsgelände oder mit Gletscherpassagen planen, dann brauchen Sie richtige **Bergstiefel**. Gute Stiefel erkennt man leider oft schon am Preis, der manchmal höher ist als die Berge, die man mit ihnen besteigen will. Dafür sind sie aber auch haltbarer als Trekkingschuhe und sorgfältiger verarbeitet. Hochwertige Bergschuhe sind leicht, der jeweiligen Fußform angepasst und schnell gut eingelaufen.

In der Regel besteht das Obermaterial aus Leder. Mit guter Pflege und fleißigem Einfetten bekomm Sie so einen Stiefel auch ohne moderne High-Tech-Beschichtung relativ wasserdicht versiegelt. Dabei ist es von Vorteil, wenn möglichst wenige Nähte an der Oberfläche verlaufen, da hier Feuchtigkeit leichter eindringen kann. Aus demselben Grund sollte die Zunge unter den Schnürsenkeln bis in den Schaft hinauf an den Seiten mit dem Stiefel verbunden sein.

Da man in Bergstiefeln immer dicke Socken oder Strümpfe trägt, dürfen sie etwas größer ausfallen als normale Schuhe. Die meisten Fachhändler haben ein Paar Socken zum Probieren bereitliegen. Bergstiefel müssen einige Zeit eingelaufen werden, um sich dem Fuß optimal anzupassen. Das sollte man am besten schon vor der Tour erledigen, um sich die lästigen Blasen auf der Wanderung zu ersparen.

☺ Stellen Sie die Stiefel direkt vor dem ersten längeren Fußmarsch bei 50 °C für eine gute halbe Stunde in den Backofen und reiben Sie sie dann sofort mit Lederfett gründlich ein!

☺ Der Stiefelkauf sollte vor dem Urlaub erfolgen und nicht erst im Urlaubsort. Zwar gibt es z.B. in den Alpen in jeder touristischen Region reichlich Sportausrüster, aber bei rechtzeitiger Suche zu Hause können Sie die Preise besser vergleichen, sich in Ruhe beraten lassen, gegebenenfalls die passende Größe des gewünschten Modells nachbestellen und den Stiefel an den Wochenenden einlaufen.

Um steigeisentauglich zu sein, muss ein Bergstiefel eine besonders stabil vernähte Sohle und einen breiteren Rand haben. Steigeisenfestigkeit wird meist schon vom Hersteller geprüft und vermerkt. Für lange Touren mit Eisen empfehlen sich **Schalenbergstiefel**, die die Bequemlichkeit eines weichen Innenschuhs mit einer stabilen Plastikaußenschale verbinden. Das Gehen mit diesen schweren Stiefeln will gelernt sein, da man mit ihnen nicht wie gewohnt abrollen kann. Schalenstiefel sind allerdings eher etwas für Hochtourengeher, Eiskletterer und Expeditionsbergsteiger.

Jacke

Da sich das Wetter in den Bergen schnell und unvorhersehbar ändern kann, sollten Sie auch an warmen Tagen nie ohne eine Jacke losgehen. Bei Wind oder Regen hat man sie sowieso dabei.

Eine Jacke sollte aber nicht nur gegen Wind und Wetter schützen, sondern noch funktionell und haltbar sein. „Funktionell“ ist dabei ein in der Werbung gern benutzter Begriff, der meist an der Anzahl der Taschen und Reißverschlüsse gemessen wird.

Bevor aber die selbstlaufende, vollautomatische Wanderjacke auf dem Markt ist, genügt es schon, wenn die, die man trägt, beim Gehen nicht stört und ihren Zweck erfüllt. Viele Taschen bedeuten auch viele Nähte und damit viele Schwachstellen. Beim Rucksacktragen werden die meisten Taschen ohnehin von Schulter- und Hüfttragegurt verdeckt.

Wenn man für sich Funktionalität mit Tragekomfort und Zweckmäßigkeit übersetzt, dann heißt das, dass eine Jacke lang genug sein soll (bis über das Gesäß, damit sie nicht hochrutschen und den Rücken freigeben kann, damit man sich draufsetzen kann und damit abtropfendes Wasser nicht von oben in die Hose läuft), dass sie den Schultern und Armen Bewegungsfreiheit gewähren muss und winddicht bis ans Kinn abzuschließen ist.

Leuchtende Farben sind von Vorteil: Man wird in den Bergen gut gesehen und im Notfall leichter gefunden. Ärmelbündchen, Kragen und unterer Bund müssen besonders abgedichtet werden können, um Verrutschen zu vermeiden und die Wärme innen zu halten. Aus diesem Grund sollte auch der Frontreißverschluss mit einer zusätzlichen Stoffleiste abgedeckt sein.

Guten Schutz gegen Regen und Wind bieten Stoffe, die mit einer zusätzlichen Membran aus Sympatex, Gore-Tex oder ähnlichen Materialien versehen sind. Diese vielgepriesenen mikroporösen Schichten sind aber nur so gut wie ihre Verarbeitung in der Jacke. Bevor Sie eine dieser nicht billigen Jacken kaufen, sollten Sie sich daher überzeugen, dass die Nähte innen versiegelt sind und nicht offen liegen.

Auch die Art der Beschichtung spielt eine Rolle: Am haltbarsten, dafür etwas steif, sind Stoffe, die direkt mit der Membran verschweißt sind, am besten als Drei-Lagen-Laminat. Sogenannte „Z-Liner“, bei denen die Membran lose zwischen zwei dünnen Stoffbahnen verarbeitet wird, sind zwar leicht und bequem, aber für die harten Anforderungen in den Bergen nicht dauerhaft genug.

Die meisten modernen Jacken haben Kapuzen, die entweder mit Knopfleiste oder Reißverschluss abnehmbar sind oder in den Kragen hineingerollt werden können. Eine über den Kopf gezogene Kapuze behindert zwar die Sicht und die Bewegungsfreiheit, ist aber bei starkem Regen der beste Schutz.

Im Übrigen ist die von den wanderbegeisterten Norwegern am häufigsten benutzte Jacke ein schlichter, orangefarbener Baumwollanorak, der in dieser Form und Verarbeitung schon seit Generationen auf dem Fjell und in der Loipe bekannt ist und ganz offensichtlich seinen Zweck erfüllt.

☺ Als Bergwanderer können Sie auf eine Menge Gerät bequem verzichten, das z.B. beim Klettern mitgeschleppt werden muss. Ein paar Ausrüstungsgegenstände brauchen Sie allerdings auch, z.B. um sich eine Wanderung angenehmer zu machen oder als Hilfsmittel zur Orientierung.

Rucksack

Sobald Sie mehr als nur eine Nachmittagstour in den Bergen unternehmen, brauchen Sie als erstes einen Rucksack. Ob es nur eine Brotzeit und ein trockenes Hemd oder aber Zelt, Schlafsack und Kochgeschirr sind, die Sie mit in die Berge nehmen, auf alle Fälle brauchen Sie Ihre Hände für den Fels und nicht fürs Gepäck.

Dabei ist natürlich entscheidend, was alles mitgenommen werden muss. Vielleicht kommt man für einen Tagesausflug im Harz mit einer besseren Gürteltasche aus, für drei Wochen in den Dolomiten muss es

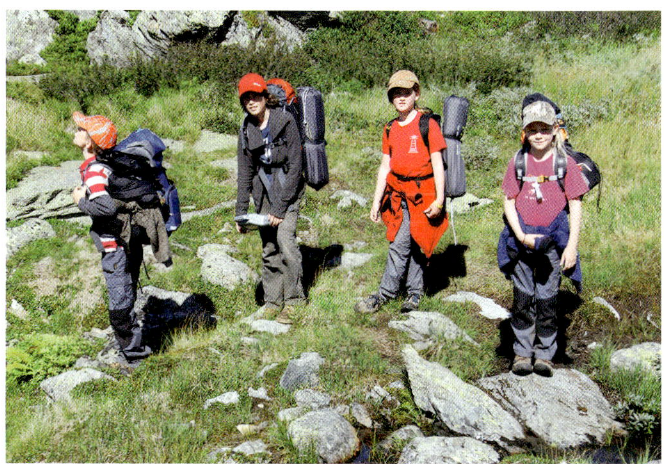

Selbst tragen macht stolz

schon eine großzügigere Tragehilfe sein. Da Sie sich wahrscheinlich nicht für jede Tourenart einen extra Rucksack anschaffen wollen, sollten Sie sich ein möglichst vielseitiges Modell suchen.

Eine wichtige Entscheidungshilfe ist dabei, sich im Klaren zu sein, welche Art von Wanderung man normalerweise vorzieht. Für Touren von Hütte zu Hütte und auf Wanderwegen genügt in der Regel ein Rucksackvolumen von 40-60 Litern. Will man ein Zelt und die dazugehörige Lagerausrüstung mitnehmen, sollte man von mindestens 80 Litern ausgehen. Natürlich hängen diese Richtwerte auch von individuellen Eigenschaften ab; das Gepäck einer 50 kg leichten Frau wiegt weniger als das eines 95-kg-Riesen und 15 kg Rucksacklast haben für beide ganz verschiedene Dimensionen.

Rucksäcke ohne Gestell sollten nur als „daybags" für kleines Gepäck auf Tagestouren in Erwägung gezogen werden. Grundsätzlich gibt es zwei „ernsthafte" Arten von Rucksäcken: mit Außengestell und mit integriertem Gestell.

Außengestellrucksäcke (Kraxen)

sind heute selten geworden und werden hauptsächlich noch auf Expeditionen benutzt. Ihre Nachteile liegen in dem hohen Eigengewicht, der Sperrigkeit (sehr störend, wenn Sie z.B. mit dem Zug anreisen wollen) und dem oft nur geringen Tragekomfort. Dafür sind sie ideal für große Lasten geeignet und sehr stabil und liegen auch mit sperrigen Gegenständen beladen noch gut am Rücken an. Skitourengeher und Jäger wissen das zu schätzen. In Skandinavien, wo viele Wanderungen mit Zelten gemacht werden, sind Außengestellrucksäcke noch recht verbreitet.

Innenliegende Gestelle

bestehen oft aus flachen Stangen aus Aluminium oder Kunststoff. Sie erlauben die Konstruktion leichter, schmaler und kompakter Rucksäcke, die sich dem Rücken ideal anpassen. Sie haben keine harten Kanten und sind meist so zu verstellen, dass sie mit weniger Beladung schmaler werden und alle möglichen Abstände zum Körper variiert werden können.

Nachteilig ist, dass Sie unförmige Gepäckstücke wie Zelt oder Isomatte an einem vollgepackten Rucksack oft schlecht befestigen können und dieser dann dazu neigt, auf dem Rücken hin und her zu schaukeln. Außerdem gibt es ein maximales sinnvolles Packvolumen, das unter dem eines Außengestellrucksacks liegt. Für Bergwanderer ist ein integriertes Gestell in der Regel allerdings die optimale Lösung.

Das Angebot für Rucksäcke auf dem Markt ist sehr groß, was für den Wanderer von Vorteil ist. So wie jeder Körper verschieden gebaut ist, gibt es auch für jeden Wanderer einen optimalen Rucksack. Deshalb sollten Sie beim Kauf nicht nur nach Markennamen und Testergebnissen gehen, sondern vor allem auf eine gute Verarbeitung achten und den Rucksack anprobieren - unbedingt mit voller Belastung! In guten Fachgeschäften stehen einige Modelle mit Telefonbüchern oder Ähnlichem beladen zum Testen bereit.

Ein Rucksack passt, wenn der Abstand von Schulter- zu Hüfttragegurt der individuellen Rückenlänge angeglichen werden kann, die

Schultergurte nicht zu weit auseinanderliegen und der Rücken noch genug Luft bekommt. Und er muss sich ganz einfach gut anfühlen.

Das Material, meist Cordura oder Tri-Shield, sollte wasserabweisend sein, aber richtig wasserdicht sind Rucksäcke nie. Auch hier gilt, dass viele Extras zulasten der Haltbarkeit gehen. Eine Deckeltasche ist sinnvoll, ebenso ein Schneeschutz um die obere Rucksacköffnung. Die Gurte sollen gut gepolstert sein und stabile Schnallen haben. Man trägt das Hauptgewicht des Rucksacks mit der Hüfte, ein bequemer, fest sitzender (dabei nicht einschnürender) Hüftgurt ist also entscheidend.

Viel Tragekomfort können Sie sich selbst schaffen, indem Sie den Rucksack sinnvoll packen und der Geländeform entsprechend einstellen. Grundsätzlich gilt: schwere Gepäckstücke (Karabiner, Kocher etc.) nach oben und nahe am Rücken, leichte Sachen (Kleidung, Schlafsack etc.) nach unten, feuchte Sachen nach oben und nahe der Außenwand.

Beim Abstieg lockert man die Gurte, sodass der Rucksack etwas Abstand zu den Schultern bekommt, beim Aufstieg dagegen trägt man ihn eng am Rücken. Während einer Flussdurchquerung wird der Hüftgurt geöffnet und der Rucksack nur mit den Schultern getragen, damit man ihn im Falle eines Sturzes im Wasser schnell abwerfen kann.

Das ideale Tragegewicht gibt es nicht, da Gewicht immer Belastung und damit Behinderung bedeutet. Bei der Tourenvorbereitung sollten Sie immerhin darauf achten, dass Sie sich nicht überladen. Für Frauen sind 12 kg, für Männer 17 kg Richtwerte, mit denen man halbwegs bequem wandern kann. Sie sollten dem Körper jedoch immer eine Eingewöhnungsphase gönnen und nicht gleich mit einem vollen Tagesmarsch beginnen.

Für über 25 kg Gepäck gibt es keinen bequemen Rucksack mehr, es gibt nur welche, die weniger unbequem sind als andere. Bei mehrwöchigen Wanderungen in der Hohen Arktis z.B. kann ein Rucksack bis zu 40 kg schwer sein - da gibt es nur noch wenige Modelle, die so viel Ladung fassen, und wenige Wanderer, die sich so eine Last aufbürden.

Stöcke

Nicht nur im Winter sind Stöcke eine hilfreiche Unterstützung beim Wandern. Seit kurzer Zeit sieht man sie wie selbstverständlich überall in den Bergen, noch vor ein paar Jahren erntete man von den ach-so-erfahrenen Bergspezialisten bestenfalls ein mitleidiges Lächeln und die Bemerkung „Na, meinst du, es wird noch Schnee geben?"

Heute hat sich herumgesprochen, dass Wanderstöcke nicht nur etwas für Fußkranke und Flachlandtouristen sind. Sie geben zusätzliche Sicherheit in schwierigem Gelände und entlasten die Knie- und Sprunggelenke.

Beim Abstieg, bei dem die Gelenke besonders beansprucht werden, können Stöcke mehr als 25 % der Belastung abfangen. Außerdem nutzt man die Hände sinnvoll, die beim Wandern sonst nichts zu tun haben.

Wanderstöcke müssen stabil sein und über besonders gehärtete Spitzen verfügen. Außerdem müssen sie länger sein als normale Skistöcke, da man sie in einer anderen Körperhaltung benutzt.

Sehr praktisch sind Teleskopstöcke, die beim Transport im Auto oder in der Bahn ein bescheidenes Maß annehmen und sich in den Bergen auf die individuelle Größe einstellen lassen. Sie können sie beim Aufstieg etwas kürzer machen und beim Abstieg verlängern, was ihre Effektivität noch steigert. Teller am Stockende sind nötig, wenn Sie Schnee oder sehr weichen Untergrund überqueren wollen. Auf jeden Fall sollten Sie zwei Stöcke benutzen, da Sie Ihrem Körper sonst eine einseitige Belastung zumuten und Gefahr laufen, beim Wegrutschen eines einzelnen Stockes aus dem Gleichgewicht zu geraten.

Erste-Hilfe-Set

Wenn man sich auf ungewohntem Gebiet bewegt, nimmt damit auch die Verletzungsgefahr zu. Wenn ein Unfall passiert, geht es beim Bergwandern nicht immer glimpflich aus. Um für alle Fälle gerüstet zu sein, sollten Sie ein paar Hilfsmittel dabeihaben. Dazu gehören natürlich Heftpflaster und Desinfektionsmittel, ebenso einige Mullbinden und sterile Gaze für Abschürfungen und andere Hautverletzungen. Ein fester Verbandstoff und eine Sportsalbe helfen bei leichten Verstauchungen und Prellungen.

Ein Dreieckstuch sollte auch dabei sein, um verletzte Körperteile ruhigstellen zu können, und eine Rettungsdecke bzw. -folie (zusammengefaltet nicht viel größer und schwerer als ein Taschentuch), um einen Verunglückten vor Auskühlung zu schützen. Bei allen Verletzungen, die Sie nicht mit diesen einfachen Mitteln kurieren können, muss auf alle Fälle ein Arzt hinzugezogen werden.

Gegen andere Beschwerden sollten Sie Folgendes dabeihaben: ein paar Aspirintabletten gegen Schmerzen, Kohletabletten gegen Durchfall, eine Zinksalbe oder etwas Gleichwertiges für die Lippen bei starker Sonneneinstrahlung, eine starke Sonnenschutzcreme, etwas Certisil, Multisil, Micropur oder ein anderes Präparat, um Wasser zu sterilisieren, und in einigen Gegenden ein Insektenabwehrmittel (auch wenn es nur psychologische Hilfe leistet).

Weitere Hilfsmittel

Trinkflasche

Wenn man nicht weiß, ob man unterwegs trinkbares Wasser findet, sollte man zum Ausgleich des erhöhten Flüssigkeitsverlusts beim Wandern mindestens 2 Liter Wasser pro Person und Tag dabeihaben. Ebenfalls geeignet sind isotonische Getränke oder Fruchtsäfte, ungeeignet dagegen Milch und Alkoholisches.

Sonnenbrille

Um sich vor der starken UV-Belastung in den Bergen zu schützen, sollten Sie eine Sonnenbrille tragen. Aufgepasst: Nicht alle getönten Brillen sind wirklich UV-sicher!

Wenn längere Strecken auf Eis oder Schnee geplant sind, ist eine Gletscherbrille unbedingt erforderlich, da sich die Augen hier durch die bis zu 90 % stärkere Strahlenbelastung rasch entzünden („Schneeblindheit“) und die Sehkraft vorübergehend aussetzen kann. Diese Sonnenbrillen sind auch gegen Seiteneinstrahlung abgedichtet und oft zusätzlich mit einem Nasenschutz versehen.

Lawinenschaufel

Bei Touren im Winter und Frühjahr, wenn Lawinenabgänge drohen, sollte jede Gruppe mindestens eine Lawinenschaufel dabeihaben. Das ist ein leichtes, zerlegbares Gerät mit großer Schaufelfläche, mit dem Sie Verschüttete aus dem Schnee befreien können. Außerdem ist mit seiner Hilfe schnell ein Windschutz für eine Rast gegraben.

Seil, Gurtzeug, Karabiner

Diese Gerätschaften sollte nur dabeihaben, wer sich mit dem Gebrauch gut auskennt. Zwar kann ein Kletterseil nützliche Dienste erweisen, es ermutigt aber auch zu riskanteren Aktionen und sollte daher den Bergsteigern oder Kletterern vorbehalten bleiben. Bei einer Bergwanderung kommt man ohne Gurtzeug, Karabiner und Seile aus oder man hat die Tour schlicht falsch geplant. Ein paar Meter Reepschnur oder eine lange Bandschlinge können jedoch durchaus nützlich sein, z.B. um etwas am Rucksack zu befestigen, Gerät bei einer Rast auf einem windigen Grat zu sichern oder als Hilfestellung an einer schwierigen Stelle.

Helm

Bei Wanderungen im Hochgebirge oder schon bei jeder leichten Klettertour ist ein Helm anzuraten. Bergsteigerhelme sind aus leichtem Kunststoff gefertigt und sollten luftig sein. Sie sollen in erster Linie vor Steinschlag schützen, also den Wanderer nicht vor seinen eigenen Fehlern bewahren, sondern vor Gefahren von außen. Das Tragen eines Helms hat also nichts damit zu tun, wie erfahren ein Bergsteiger ist!

Biwaksack

Wenn längere Touren in abgelegenem Gelände geplant sind, sollte für je zwei Wanderer ein Zwei-Mann-Biwaksack eingepackt werden. Diese Notunterkunft ist klein zu verstauen und wiegt nicht viel, in der Regel nimmt man sie unbenutzt wieder mit nach Hause. Sollte man aber einmal in die Lage kommen, eine Nacht unfreiwillig in den Bergen verbringen zu müssen oder von einem Schneesturm überrascht zu werden, dann wird man diese Last schnell zu schätzen lernen.

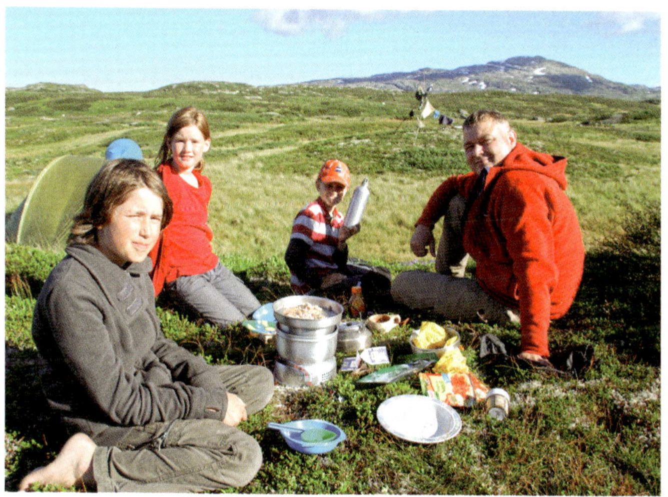

Eine verdiente Pause

Mobiltelefon

Eine Bergwanderung soll vom Berufsalltag ablenken und Erholung bringen. Gerade in den Bergen können Sie sich immer gut damit herausreden, „gerade keinen Empfang zu haben“ und nicht ständig erreichbar zu sein. Dem widerspricht natürlich, sein „mobiles Büro“ mit auf den Berg zu nehmen. Auf der anderen Seite - wenn die Tour sich nicht wirklich abseits von allen Mobilfunknetzen bewegt, bietet ein Handy zusätzliche Sicherheit, z.B. um Hilfe zu holen oder (da fast alle Mobiltelefone auch internetfähig sind) die Wettervorhersage zu prüfen. Also: Handy gern dabei, aber abgeschaltet und sicher verpackt, die wichtigsten Notfall- und Infodienst-Nummern möglichst schon im Speicher.

Karten, Kompass und Wanderführer

werden in einem eigenen Kapitel erklärt und gehören selbstverständlich auch zur Standardausrüstung dazu.

Ausrüstungs-Checkliste (Frühling-Sommer-Herbst)

- ▷ Trekking-, Bergstiefel
- ▷ 2 Paar dünne Socken
- ▷ 2 Paar dicke Strümpfe oder Wollsocken
- ▷ Gamaschen (optional bei Schnee und weglosem Gelände)
- ▷ Wanderhose
- ▷ kurze Unterwäsche
- ▷ langes (Funktions-)Unterhemd
- ▷ T-Shirt
- ▷ 2 Hemden oder dünne Pullover
- ▷ Faserpelz
- ▷ Jacke
- ▷ evtl. Handschuhe, Balaclava, Schal
- ▷ Mütze oder Hut
- ▷ Sonnenbrille
- ▷ Rucksack
- ▷ Sonnencreme, Sun-Blocker
- ▷ Erste-Hilfe-Set
- ▷ Wasserflasche, Proviant
- ▷ Stöcke, im Frühjahr Lawinenschaufel
- ▷ Taschenlampe
- ▷ Biwaksack (optional bei langen Tagesabschnitten oder wenig begangenem Gelände)
- ▷ Karte, Führer, Kompass, Handy
- ▷ evtl. Steigeisen und Eispickel

🕮 **Ausrüstung I von Kopf bis Fuß** von Dr. Sven Deutschmann, Johann Schinabeck & Markus Gründel, Conrad Stein Verlag, OutdoorHandbuch Band 100, ISBN 978-3-86686-100-8, € 9,90

♦ **Trekking ultraleicht** von Stefan Dapprich, Conrad Stein Verlag, OutdoorHandbuch Band184, ISBN 978-3-86686-366-8, € 9,90

Wetter und Orientierung

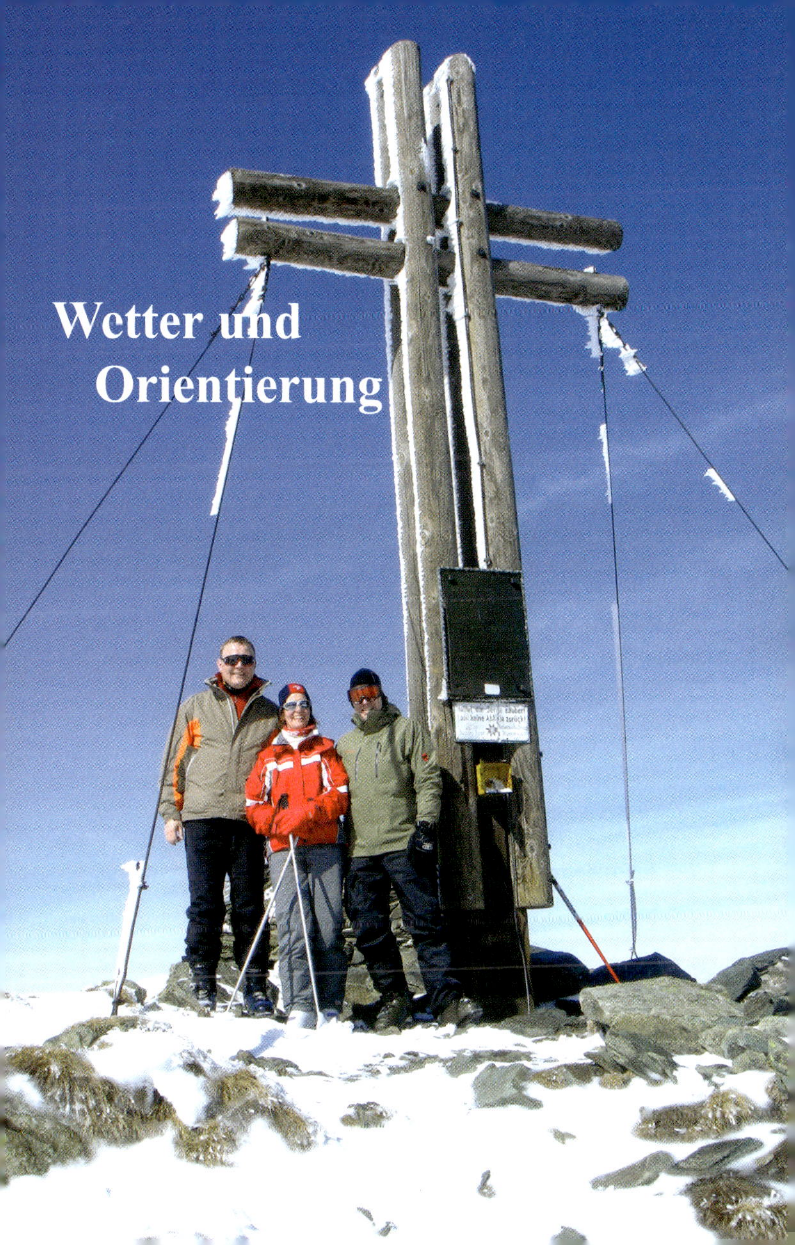

Ob aus einer Wanderung ein schönes Erlebnis wird, hängt natürlich stark vom Wetter ab. Ein Tag ohne Fernsicht ist schon schade, eine Woche im Regen kann die beste Laune verderben.

Aber auch Gefahren sind mit dem Wetter verbunden: Jedes Jahr verlieren Menschen in einem Wettersturz oder Gewitter in den Bergen ihr Leben. Schuld ist daran meist nicht das Wetter, sondern Sorglosigkeit und schlechte Vorbereitung. Selten tritt eine Änderung so unerwartet ein, dass nicht schon zumindest die Meteorologen rechtzeitig Vorzeichen für einen Wetterwechsel erkannt haben. Und dieses Wissen kann sich jeder Wanderer zunutze machen.

Information

Die ersten Gedanken über das Wetter macht man sich lange vor der Wanderung, nämlich bei der Planung der Tour. Die Entscheidung für ein bestimmtes Gebiet und eine Jahreszeit macht es schon möglich, erste Prognosen über das Wetter anzustellen. In Reiseprospekten finden Sie Temperaturtabellen und durchschnittliche Niederschlagsmengen, Sie können sich also schon rechtzeitig auf Schnee oder Sonnenhitze vorbereiten.

Etwa ein bis zwei Wochen vor Reisebeginn können Sie sich schon, je nach Reiseziel, über Schneehöhen, Schneefallgrenze oder Wegezustand bei örtlichen Wetterdiensten, den alpinen Serviceeinrichtungen, dem ADAC oder einfach dem Fremdenverkehrsamt vor Ort erkundigen. Liegt z.B. im Frühjahr noch viel Schnee, sind viele Wandersteige nicht zu benutzen und es besteht die Gefahr von Lawinenabgängen. Dann ist es ratsam, auf ein anderes Gebiet auszuweichen oder die Tour zu verschieben.

Direkt vor einer Wanderung, vor Ort am Tag vor dem Aufbruch oder spätestens kurz vor Abmarsch, sollten Sie sich mit einem Blick in den Himmel zuerst selbst ein Bild machen. Für eine Tagestour können Sie oft an deutlichen Wetterzeichen die nächste Entwicklung ablesen. Trotzdem empfiehlt sich immer ein kurzer Kontrollanruf bei den alpinen Wetterdiensten.

Auch der Segelflugwetterbericht kann für Wanderer hilfreiche Hinweise enthalten - darin werden Föhnentwicklung und der Aufzug von Wetterfronten angekündigt, wenn auch in einer für Nichtflieger kompliziert klingenden Weise. Kündigt der Segelflugwetterbericht an einem schönen Tag eine „Überentwicklung" an und schließt sich vielleicht noch eine Warnung für Drachen- und Gleitschirmflieger an, dann ist auch für Wanderer Vorsicht geboten: Es besteht Gewitterneigung! Wenn Sie sich selbst über das Wetter nicht sicher sind, und kein Telefon in der Nähe ist, dann hat im Zweifelsfall der Hüttenwirt genug Erfahrung für einen guten Rat.

Wetterzeichen

Hier soll jetzt kein Schnellkurs durch die Meteorologie folgen, sondern eine Beschreibung einiger leicht erkennbarer Zeichen, anhand derer man eine Wetterlage einschätzen und die Entwicklung beurteilen kann. In erster Linie helfen Wolkenformen bei diesen einfachen Prognosen.

Federwolken

Diese feinen Büschel in sehr großer Höhe, die an einem sonnigen Tag fast ohne Bewegung am Himmel zu scheinen stehen, fegen in Wirklichkeit mit über 100 km/h dahin. Allein ihre große Entfernung (8-11 km Höhe) lässt sie so träge erscheinen.

Bewegen sich die Federwolken kaum merklich in westliche Richtung, so versprechen sie besseres Wetter. Kommen sie allerdings aus Westen und werden mehr und fällt dabei der Luftdruck, dann wird sich das Wetter in den nächsten zwei Tagen voraussichtlich verschlechtern. Wenn dabei die Form der Wölkchen eher Flocken ähnelt und diese am Himmel Wellenformen bilden, dann steht eine Wetteränderung kurz bevor.

Schäfchenwolken

In mittlerer Höhe (4-6 km) und deutlich ausgeprägt sind diese Wolken zwar ein schöner Anblick, leider aber auch ein Zeichen für schlechtes Wetter. Bilden die vielen „Wattebäuschchen" eine Wellenform am

Himmel, dann deutet dies auf einen baldigen Wetterwechsel hin. Unregelmäßige Wellen sind sichere Boten für Gewitter in allernächster Zeit, man sollte sich in diesem Fall zeitig nach einem sicheren Unterschlupf umsehen.

„Lämmerwolken" am Morgen, vielleicht sogar in Form kleiner Türmchen, bedeuten für Wanderer einen Ruhetag bzw. den sofortigen Rückzug vom Berg, denn spätestens am Nachmittag sind starke Gewitter zu erwarten!

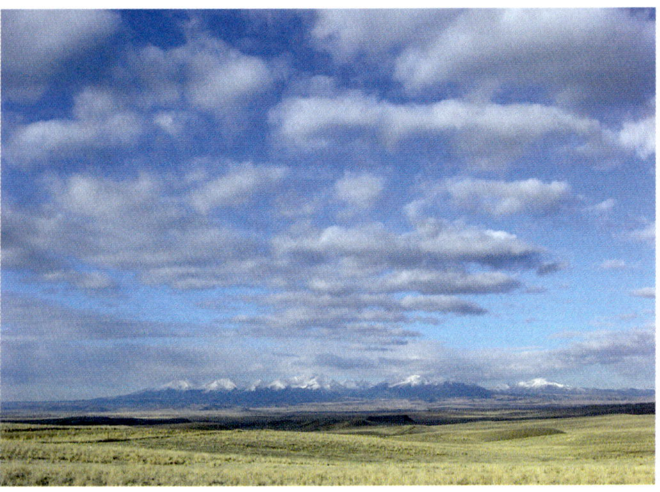

Haufenwolken (Cumulus) in Montana

Schönwetterwolken

Dieser Ausdruck wird gern für niedrige (1-6 km), mittelgroße Haufenwolken benutzt. Solange diese Wolken, die meist an schönen Sonnentagen am Himmel stehen, sich zerteilen oder bald wieder auflösen, trifft dieser Ausdruck auch zu - sie sind dann ein Zeichen für eine stabile Schönwetterlage.

Aber aus ihrer Familie stammen auch die Regenwolken und die Gewittertürme. Lösen sich die Wolken nachmittags nicht mehr auf und ändern ihre Farbe zunehmend von Weiß auf Grau, wird bald Regen einsetzen. Bilden sich gegen Mittag neue Wolken, die rasch anwachsen, dann stehen Gewitter unmittelbar bevor („Überentwicklung", s.o.). Leuchten die Wolken im Abend- oder Morgenrot, sind sie trotz des schönen Anblicks ein sicherer Vorbote schlechten Wetters.

Föhnfische

In den Alpen und vielen anderen Gebirgen sind diese markanten Wolken bekannt. Sie stehen in Höhen zwischen 4 und 6 km - manchmal noch höher - still am Himmel. Anders als die „Schäfchenwolken" bewegen sie sich trotz der enormen Höhenströmungen tatsächlich kaum, da sie ständig an einem Ende gebildet und am anderen aufgelöst werden. Solange sie am Himmel stehen, ist auf der Nordseite der Alpen bestes Wanderwetter, es herrscht Föhn. Verschwinden die Föhnfische wieder, setzt sich in kurzer Zeit das schlechte Wetter mit Regen oder Schnee und deutlich kühleren Temperaturen durch.

„Föhn" ist ein in den Alpen gebräuchlicher Ausdruck für einen warmen, trockenen Fallwind aus südlicher Richtung. Auch in anderen Gebirgen tritt das Phänomen auf, immer auf der Lee-Seite der Berge und oft mit typischen regionalen Ausprägungen. Im Osten der Vereinigten Staaten kennt man den Chinook, der von den Rocky Mountains kommt, am Ostrand des Mittelmeers bläst die Bora über das Dinarische Gebirge. Zonda, Oroshi, Bohorok, Chanduy sind alles Namen für diese Wetterlage aus allen Ecken der Welt.

Wolkenbänke

Stehen in westlicher Richtung große aufgehäufte Wolkenmassen, sind Regen oder Schnee, Kälte und Wind zu erwarten.

Kondensstreifen

Dieses von Flugzeugen in großer Höhe hervorgerufene Phänomen ist ein zuverlässiges Wetterzeichen: Lösen sich die Streifen schnell auf, bleibt das Wetter schön. Verbreitern sie sich und werden zu Schlangenlinien gebogen, dann ist eine Wetteränderung schon unterwegs.

„Hof" um Mond oder Sonne

Manchmal bildet sich auch ein Ring (Halo) aus, auf alle Fälle kündigt sich damit Regen an. Ist die Sonne ohne Hof hinter einem Schleier versteckt, der sie zunehmend verschluckt, gilt dasselbe, es naht eine Warmfront. Sie kündigt sich oft schon zwei Tage im Voraus an und bringt reichlich Niederschlag.

Gewitterwolken

Die höchste und gefährlichste Wolkenart. In der klassischen Form ragt sie als riesige Wolkensäule durch alle Wolken-Stockwerke hindurch und endet an der Tropopause, der Grenze zur Stratosphäre, mit einem „Eisamboss" als Krone. Gewitter in den Bergen sind unberechenbar, da sie sich oft an der Luvseite eines Berges bilden und dann in kurzer Zeit, wenn sie mächtig genug geworden sind, auf die andere Seite herüberziehen. Bei Gewittern sollte man mit gutem Gewissen einen Ruhetag in der sicheren Hütte einlegen.

🕮 **Wetter** von Michael Hodgson & Meeno Schrader, Conrad Stein Verlag, OutdoorHandbuch Band 13, ISBN 978-3-86686-013-1, € 7,90

Wanderführer

Da Bergwanderer nicht in unerforschtes Gebiet vorstoßen wollen und sich meistens auf markierten Wegen bewegen, kommen sie mit einem Minimum an „Navigationskenntnissen" aus. Eine Wanderkarte sollten Sie allerdings lesen und einen Kompass benutzen können. Tourenbeschreibungen gibt es in großer Zahl und in jeder Qualität. Mit Anekdoten versehene Plaudereien über die Landschaft sind ebenso darunter zu finden wie stichwortartige Auflistungen von Wanderrouten. Es ist nicht immer einfach, aus dem großen Angebot das Richtige herauszufinden, aber es lohnt sich auf jeden Fall.

Wanderführer werden entweder von erfahrenen Wanderern oder von Verbänden (DAV, DNT etc.) geschrieben bzw. herausgegeben. Darin sind wichtige Informationen über Besonderheiten des Geländes, Hüttenöffnungszeiten, durchschnittliche Wanderzeiten und den Wegezustand enthalten, oft auch nützliche Tipps für Anreise, Unterkunft und Ausrüstung und weitere lokale Besonderheiten.

Schon in der Planungsphase kann ein guter Wanderführer gute Dienste erweisen, unterwegs dient er in Verbindung mit der Landkarte zur Orientierung und Tagesplanung. Je weniger Sie mit der Gegend vertraut sind, in der Sie wandern möchten, desto wichtiger wird der Führer. Manche der darin geschilderten unliebsamen Überraschungen, die schon andere erlebt haben, kann man sich so ersparen.

Kartenlesen

Von den meisten bekannten Wandergebieten gibt es inzwischen gutes bis sehr gutes Kartenmaterial, das Sie entweder im Fachhandel beziehen oder vor Ort kaufen können. Für entlegenere Gegenden sind Karten oft nur schwer zu bekommen, das zuständige Landesvermessungsamt oder das Geographische Institut des jeweiligen Landes können vielleicht weiterhelfen.

Wanderkarten sollten in einem Maßstab nicht über 1:50.000 gezeichnet sein, für die Alpen gibt es sehr gute Karten mit einem Verhältnis von 1:25.000. Das bedeutet, dass 1 cm auf der Karte der realen Strecke von 250 m entspricht, 1 km also auf 4 cm dargestellt wird.

Fast alle Landkarten sind so gezeichnet, dass der obere Rand nach geografisch Nord ausgerichtet ist. In den Alpen stimmt dies auch (bei einer Toleranz von ca. 2°) mit der vom Kompass angezeigten Nordrichtung überein. Im Norden Skandinaviens, besonders aber in östlich der Alpen gelegenen Gebieten, nimmt die Abweichung zwischen magnetisch und geografisch Nord unter Umständen so stark zu, dass Sie die Landkarte nicht einfach mit dem Kompass ausrichten können. Auf Karten zu diesen Regionen ist in der Legende die mittlere Missweisung in Grad und Bogensekunden angegeben und muss je nach Position von der Kompassrichtung abgezogen oder hinzugefügt werden.

Zum einfacheren Entfernungsschätzen bedient man sich eines Lineals oder der geraden Seite des Kompasses, indem man die gemessene Strecke mit der Umrechnungsskala in der Legende auf die wirkliche

Entfernung hochrechnet. Dabei erhält man natürlich nur ein „Luftlinienmaß“, bei dem Steigungen nicht berücksichtigt werden. Auf vielen Karten sind auch Längen- und Breitengrade oder das modernere UTM-Gitter abgetragen, die man ebenso zur Entfernungsmessung nutzen kann.

Für die Tourenplanung ist von besonderem Interesse, welche **Geländeform** man zu erwarten hat. Dazu dienen Höhenlinien, Schraffuren und Höhenangaben. Die Abstände zwischen den einzelnen Höhenlinien richten sich nach Kartenmaßstab und Qualität der Karte, ideal ist eine 20-m-Unterteilung, also fünf Linien für 100 Höhenmeter. Dabei sind die vollen Hunderterlinien dicker gezeichnet und in Abständen mit der Höhenangabe versehen. Auf den meisten Karten ist diese Zahl so angebracht, dass die Oberseite der Höhenangabe die aufsteigende Richtung anzeigt. Nur bei Gipfeln oder besonderen Punkten wird die Höhe auf einen Meter genau der Ausrichtung der Karte entsprechend gedruckt (also in West-Ost-Richtung).

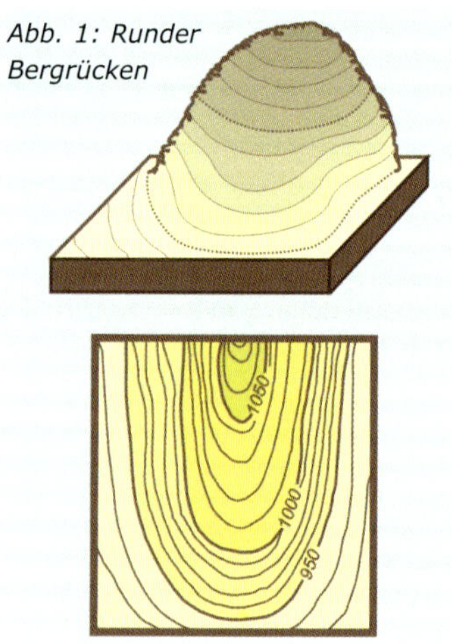

Abb. 1: Runder Bergrücken

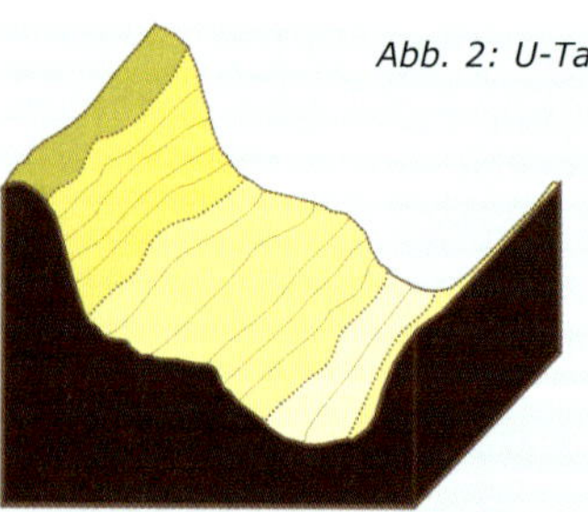

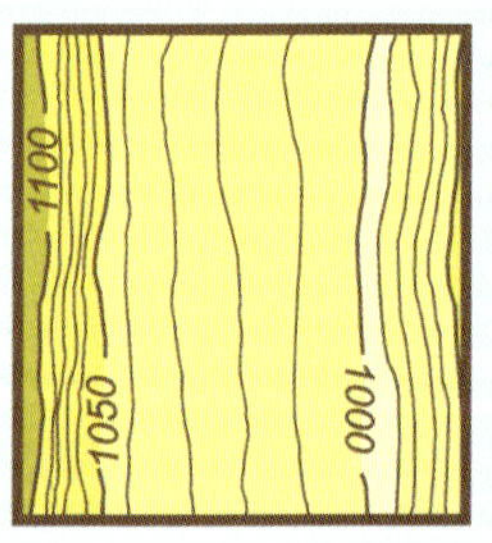

Abb. 2: U-Tal

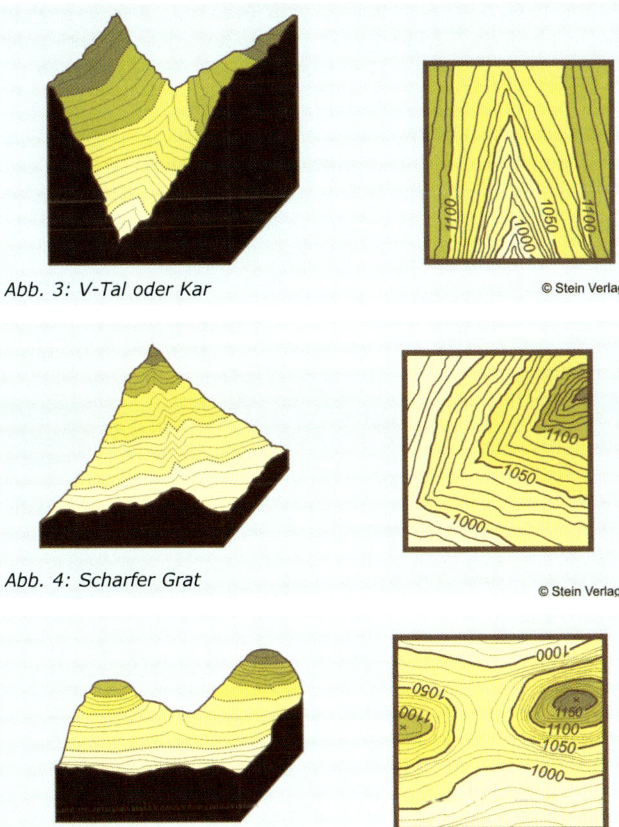

Abb. 3: V-Tal oder Kar

Abb. 4: Scharfer Grat

Abb. 5: Sattel zwischen zwei Gipfeln

Die **Höhenlinien** ermöglichen es, die Landschaftsform grafisch und in zwei Dimensionen darzustellen. Aus ihrem Verlauf können Sie sich also ein Bild von der tatsächlichen Form des Geländes machen: Weit auseinanderliegende Linien stehen für eine Ebene oder einen sanften Hang, enge Linienabstände oder Schraffen entsprechen steilem bis senkrechtem Gelände. Die Abbildungen1-5 auf den Vorseiten verdeutlichen, wie typische Geländeformen auf Landkarten dargestellt werden und wie man sie sich plastisch vorstellen muss.

Landschaftliche Besonderheiten und markante Punkte sind auf guten Karten hervorgehoben: Spaltengelände auf Gletschern und Firnfeldern, Gipfel, Berghütten, Hochspannungsmasten etc. Auch Feldwege und Liftanlagen sind verzeichnet, wobei für Bergwanderer natürlich die Wandersteige besonders wichtig sind. Ihr Verlauf ist im Idealfall je nach Schwierigkeit durchgezogen, gestrichelt oder gepunktet dargestellt.

Wichtig ist, dass Sie die Karte für die richtige Jahreszeit auswählen - von vielbesuchten Gegenden gibt es sowohl Sommer- als auch Winterkarten. Die darauf verzeichneten Wege können z.B. Loipen im Winter oder markierte Wege im Sommer darstellen und in der jeweils anderen Jahreszeit nicht zu finden sein.

Auch auf Tablet-PCs und Mobiltelefonen werden Landkarten und sogar Navigationshilfen angeboten, die Ihnen jedoch in den Bergen wenig nützen. Gute Karten geben viel genauer über Wegverläufe und Landschaftsformen Auskunft, als es Satellitenbilder oder mobile Straßenkarten können.

Kompass

Für einen Wanderer ist ein Kompass nicht so lebenswichtig wie für einen Segler oder eine Expedition im arktischen Eis. Da die Wege meist deutlich markiert sind oder zumindest gut sichtbar durch das Gelände verlaufen, fällt die Orientierung nicht schwer. In den Bergen, wo Täler und Bergzüge den Tourenverlauf vorschreiben und dabei markante Anhaltspunkte bieten, ist auch eine Landkarte einfach zu lesen. Um sie allerdings genau auszurichten, besonders aber um einen Weg im Voraus zu planen und tatsächlich wiederzufinden, ist ein Kompass unerlässlich.

Für diese Aufgaben genügt ein einfaches Modell, praktischerweise auf einer transparenten Platte mit geraden Seiten montiert. Diese hat den Vorteil, dass Sie den Kompass auf die Karte legen und trotzdem noch die Strukturen erkennen können, z.B. um die Längengerade zum Ausrichten nutzen zu können. Außerdem sollte die Gradeinteilung des Kompassringes drehbar sein. Meist ist auch eine Seite mit einer Lineareinteilung zum Entfernungsmessen versehen. Es gibt auch eine Auswahl von „Outdoor-Uhren“ mit eingebautem elektronischen Kompass, die allerdings mehr für eine grobe Anzeige der Himmelsrichtungen geeignet sind.

Um eine Karte exakt auszurichten, breitet man sie waagerecht auf einem glatten Untergrund aus, legt den Kompass mit einer geraden Seite am Kartenrand (bei Karten, deren oberer Rand in Nordrichtung weist) oder an einem Längengrad an und dreht die Karte so, dass die Kompassnadel parallel zum Rand bzw. zur Gradlinie zeigt.

Wenn Sie sich auf einer Wanderung befinden und Ihren genauen Standpunkt bestimmen wollen, dann ist ein Kompass unerlässlich. Zuerst richten Sie die Landkarte aus und suchen einige markante Anhaltspunkte in der Umgebung, die auf ihr verzeichnet sein könnten. Oft ist so auch schnell der eigene Standort gefunden, etwa wenn Sie sich in der Nähe eines Flussübergangs, Schneefeldes oder Grates befinden, der auf der Karte einfach zu finden ist.

Sind nur in der weiteren Umgebung Orientierungspunkte zu finden, benötigen Sie einen Kompass mit Peilvorrichtung für ein einfaches „Seitwärts-“ oder „Rückwärtseinschneiden“. Liegt der eigene Standort auf einer Linie, die Sie auf der Karte wiederfinden, z.B. an einem Bach oder auf einem eingezeichneten Wanderweg, brauchen Sie nur einen weiteren markanten Punkt in der Umgebung, der ebenfalls eingezeichnet ist, vielleicht ein Gipfelkreuz in einiger Entfernung. Nun zielen Sie über die Peilvorrichtung mit dem Kompass auf diesen Punkt und drehen dabei den Einstellring so, dass die „Nord“-Markierung (360°) mit der Kompassnadel übereinstimmt.

Sofern der Orientierungspunkt nicht genau im Norden liegt, können Sie nun an der auf das Ziel ausgerichteten Markierung am Kompass die Gradzahl ablesen, in der es vom eigenen Standort aus liegt („Marschzahl“). Eine Marschzahl von 90 bedeutet z.B., dass das angepeilte Objekt vom Betrachter aus im Osten liegt, er sich also westlich davon befindet. Wenn Sie nun auf der Karte durch den Orientierungspunkt eine Gerade in genau entgegengesetzter Richtung zu der Peilung (im Beispiel also nach Westen) legen, dann befinden Sie sich genau am Schnittpunkt dieser Geraden mit der schon bekannten Linie. Diese Methode wird „Seitwärtseinschneiden“ genannt.

Wenn Sie keine Hilfslinie zur Verfügung haben, z.B. im offenen Gelände, können Sie Ihren Standort mittels „Rückwärtseinschneiden“ ermitteln. Dazu suchen Sie zwei nicht zu dicht nebeneinanderliegende Punkte A und B, die vom Standort aus und auch auf der Karte gut zu erkennen sind. Im Idealfall sollten beide Punkte vom Betrachter aus in einem Winkel von 90° zueinander liegen. Nach der oben geschilderten Methode bestimmen Sie nun für jeden Punkt die Marschzahl und zeichnen auf der Karte eine in entgegengesetzter Richtung („rückwärts“) verlängerte Linie ein. Am Standort des Betrachters schneiden sich die beiden Geraden.

GPS

Vor wenigen Jahren noch ein Gerät für Expeditionsführer und Spezialisten, sind GPS-Geräte heute erschwinglicher und bedienfreundlicher geworden. Sogar in einigen Mobiltelefonen und Tablet-PCs sind GPS-Funktionen integriert.

Für eine Bergwanderung, bei der Sie sich in der Regel auf markierten Wegen bewegen, ist ein GPS-Gerät nicht erforderlich. Ein einfaches Gerät oder die GPS-Funktion auf dem Handy kann Ihnen jedoch das Finden der eigenen Position auf der Karte sehr erleichtern: Die Position wird in Längen- und Breitengradangaben angezeigt und lässt sich so auf einer Karte einfach ablesen. Die erste Angabe ist normalerweise die Winkelangabe vom Äquator aus gemessen, der Breitengrad (auf unserer Halbkugel „nördliche Breite“), die zweite Angabe ist der Längengrad oder Meridian, eine Linie, die senkrecht zum Äquator steht und beide Pole verbindet. Hier wird die Abweichung vom 0-Meridian gemessen, also des Längengrads, der England auf der Höhe von Greenwich durchschneidet („östliche“ oder „westliche Länge“). Diese Angaben finden sich auf einer guten Karte außen an den Gitternetzlini-

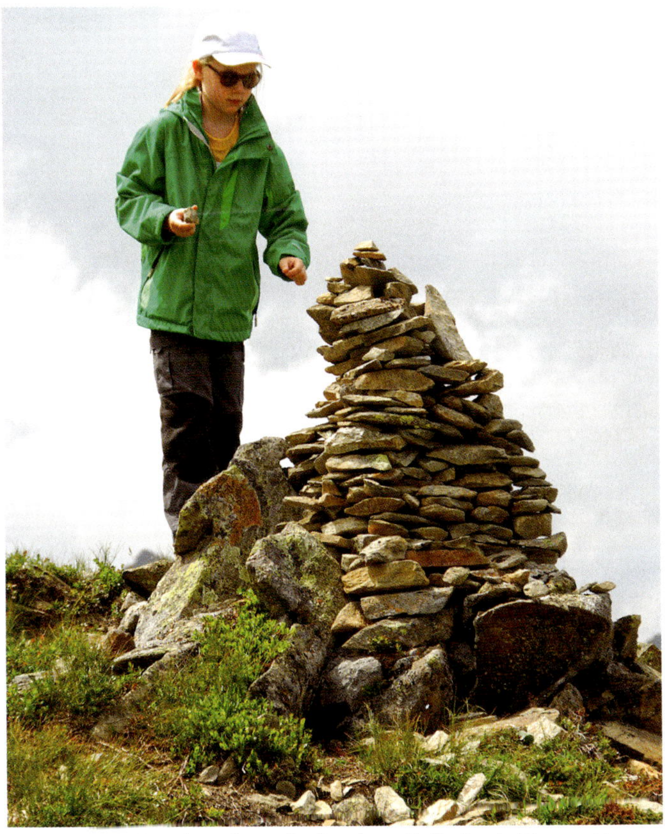

Steinmännchen dienen im bergigen Gelände als Wegmarkierung

en wieder und erlauben so eine Orientierung, Ihr Standpunkt ist bei der Kreuzung des Längen- und Breitengrads.

📖 **Karte · Kompass · GPS** von Reinhard Kummer, Conrad Stein Verlag, OutdoorHandbuch Band 4, ISBN 978-3-86686-374-3, € 8,90

Techniken des Bergwanderns

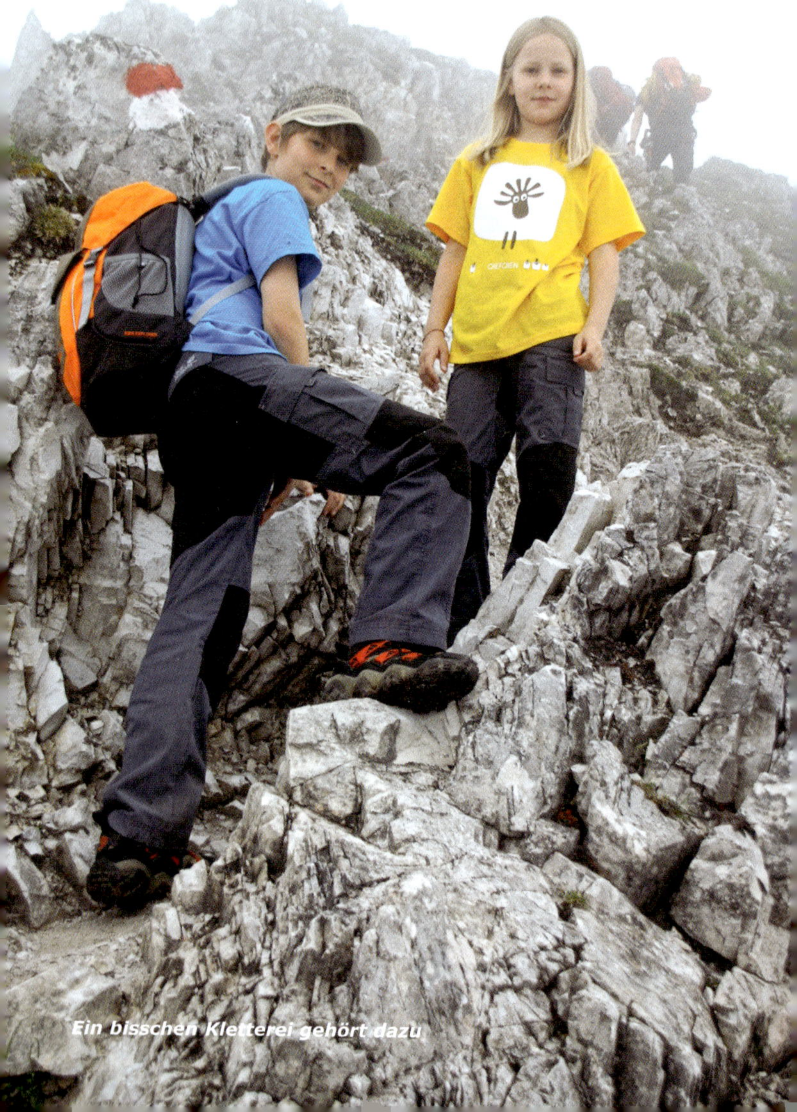

Ein bisschen Kletterei gehört dazu

Gehen in leichtem Gelände

Beim Bergwandern laufen Sie auf ungewohntem Untergrund, entsprechend anders ist auch die Gehbewegung. Der Rucksack zieht am Rücken, der Wandersteig führt steil bergauf oder bergab, der Untergrund besteht aus Felsen oder Eis. In einfachem Gelände, wenn z.B. ein gut ausgetretener Pfad vorhanden ist und Sie ohne Benutzung der Hände vorankommen, sollten Sie Ihre Kräfte gut einteilen und sie nicht durch unnötige Hast verschwenden.

Beim Aufwärtsgehen sparen Sie viel Energie, wenn Sie Ihre Schrittlänge bewusst kurz halten und den Oberkörper ruhig lassen. Während des Abstiegs ist dies noch wichtiger, da bei keiner anderen Belastung auf einer Wanderung die Gelenke stärker beansprucht werden als beim Abwärtsgehen.

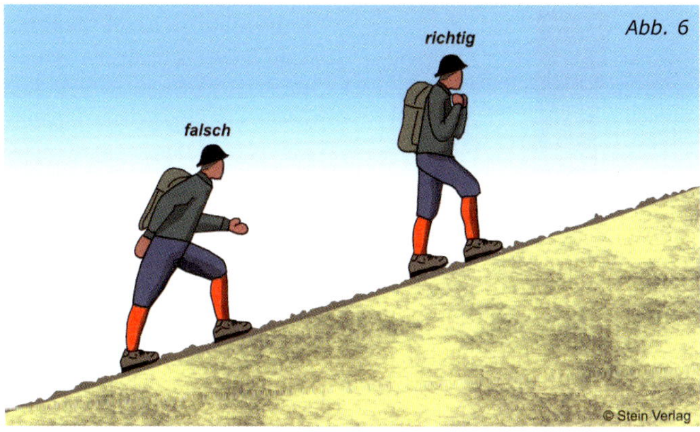

Suchen Sie gute Tritte und federn Sie in kurzen Schritten den Aufprall so gut wie möglich ab - je steiler der Weg, desto kürzer werden die Schritte. Die Knie sollten beim Absteigen nie ganz durchgedrückt werden. Beim Abstieg sind Skistöcke eine besonders gute Hilfe. Außerdem sollte den arg strapazierten Knien nach einem besonders steilen Stück eine kurze Pause gegönnt werden.

Wie schon beschrieben wurde, können Sie sich auch Erleichterung verschaffen, indem Sie den Abstand des Rucksacks zum Rücken ändern. Immer gilt, dass Sie jeden Schritt sorgfältig wählen sollten, den ganzen Fuß aufsetzen und sichere Tritte benutzen. Nur wenn es unvermeidbar ist, wagt man einen Sprung. Durch die Rucksacklast und den felsigen Untergrund kann schon ein harmloser Stolperer zu einem gefährlichen Sturz führen.

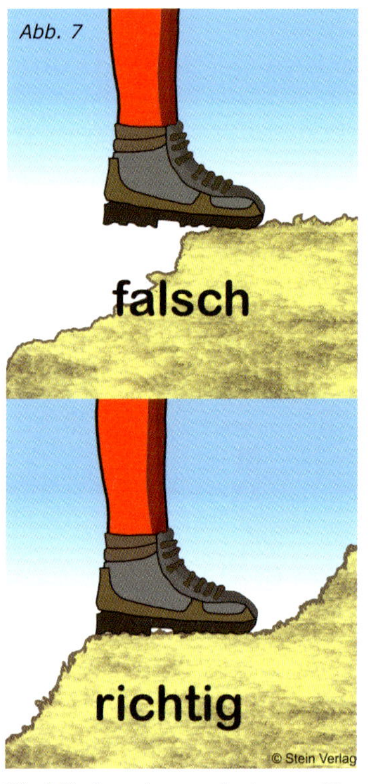

Jeder einzelne Schritt für sich ist nur eine kleine Belastung, aber während einer langen Tour zahlt sich die Sorgfalt beim Gehen schnell aus. Setzen Sie beim Aufsteigen den Fuß mit so viel Fläche wie möglich auf, um die Wadenmuskulatur zu entlasten und mehr Sicherheit zu erhalten. Es kommen genug Wegstrecken, auf denen Sie Ihre Kraft noch brauchen. Die Trittsicherheit und die typische Gehbewegung in den Bergen beherrschen auch ungeübte Flachländer schon nach ein paar Tagen konzentrierten Wanderns. Man hat bald seinen eigenen Rhythmus gefunden.

Gehen in mittlerem und schwerem Felsgelände

In steilem Felsgelände sind die Füße allein oft nicht sicher genug für die Fortbewegung - man sucht zusätzlichen Halt mit den Händen. Anders als beim Sportklettern aber dienen die Hände beim Wandern nur zum Sichern des Gleichgewichts, der Körper wird immer noch von den Beinen getragen. Je steiler das Gelände, desto wichtiger wird ein guter Stand. In der Bewegung wird der Körper ins Ungleichgewicht gebracht, deshalb sollte sie kontrolliert und sicher ablaufen. Lange Schritte versprechen zwar einen großen Höhengewinn, kosten aber viel

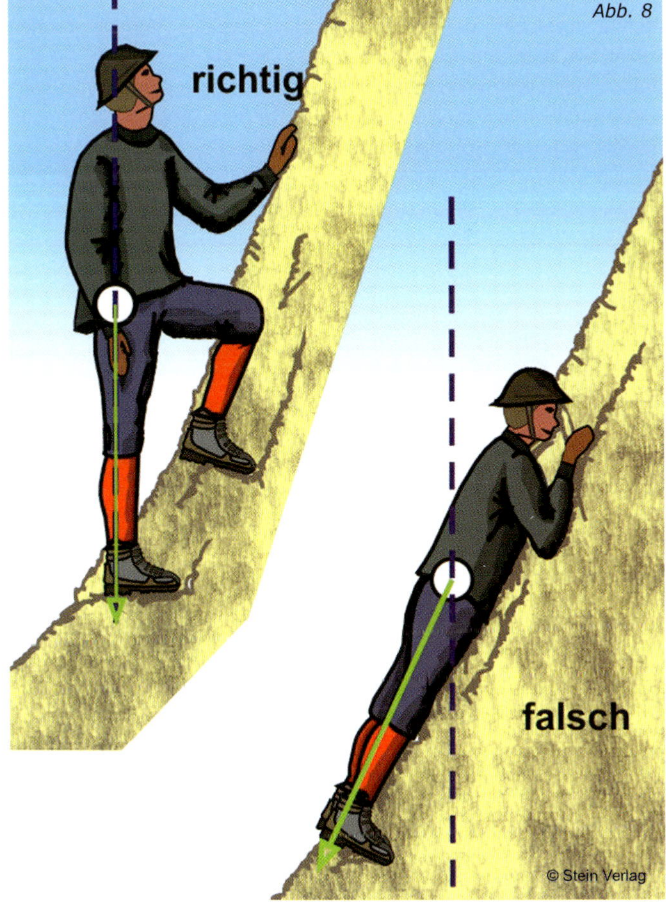

mehr Kraft und sind schwerer auszubalancieren. Sind genug Tritte vorhanden, sollten Sie eine Stufe besser in mehreren Schritten nehmen. Ist das Gelände so steil, dass Sie die Hände einsetzen können, machen Sie keinen Schritt, ohne vorher einen sicheren Griff gefunden zu haben.

Besonders wichtig in schwierigem Gelände ist aber die Qualität des Trittes. Wenn Sie einen sicheren Halt für den Bergschuh gefunden, notfalls nachdem Sie ihn durch vorsichtiges Gegentreten getestet haben, verlagern Sie das Körpergewicht ganz auf diesen Tritt, um den Sohlen einen optimalen Andruck zu schaffen. Dazu muss der Körperschwerpunkt (etwa in Höhe der Hüfte) immer senkrecht über dem Stand liegen (☞ Abb. 8). Es mag in exponierten Passagen zwar ein - trügerisches - Gefühl der Sicherheit vermitteln, sich nah an den Fels zu schmiegen, die Standfestigkeit ist jedoch geringer als in korrekter Haltung.

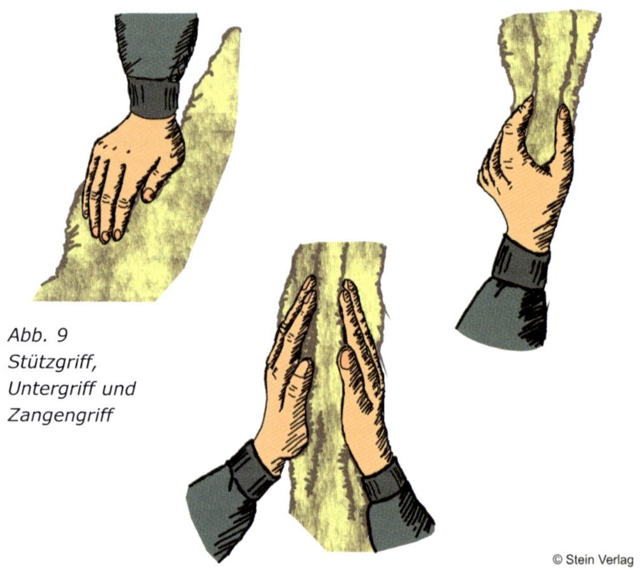

Abb. 9 Stützgriff, Untergriff und Zangengriff

Einfache Klettertechniken

Wird das Gelände so steil, dass Sie auf den Einsatz der Hände nicht mehr verzichten können, sollten Sie sie auch konsequent benutzen. Viele schwere Unfälle in den Bergen ereignen sich nicht in den wirklich schweren Passagen, sondern in den Ausstiegen und leichteren Zwischenstücken. Hat man gerade eine anspruchsvolle Strecke überwunden, verleitet dies oft zum Unterschätzen folgender Abschnitte. Dabei ist das Gelände meist nicht weniger steil - wenn Sie stürzen, spielt es keine Rolle mehr, ob die Tritte eigentlich gut waren oder Sie schon schwierigere Passagen gemeistert haben.

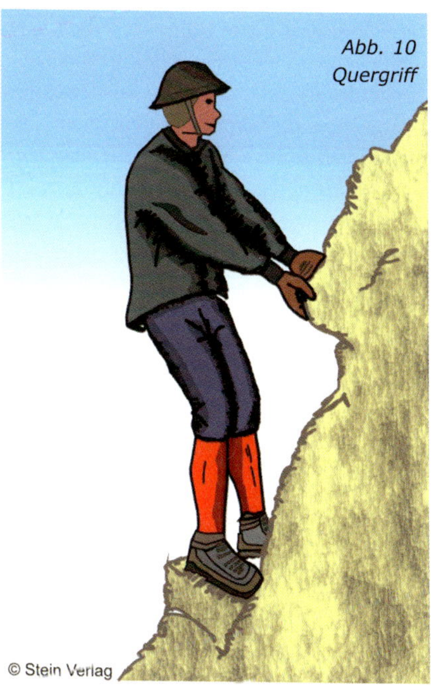

Abb. 10
Quergriff

Grundsätzlich belastet man beim Klettern immer drei Punkte: einen Fuß und beide Hände bei einem Trittwechsel, beide Füße und eine Hand bei einem Griffwechsel. Den Füßen fällt dabei weiterhin die tragende Aufgabe zu, während die Hände für die Kontrolle des Gleichgewichts sorgen.

Je nach der Beschaffenheit des Felsens sucht man sich einen guten Halt: einen **Stützgriff**, einen **Untergriff** oder einen **Zangengriff**, im Idealfall einen **Quergriff**. Der Griff sollte etwa in Höhe des Gesichts liegen, damit Sie ihn sicher erkennen und sich nicht überdehnen müssen. Auf jeden Fall fassen Sie den Griff mit der größtmöglichen Fläche. Die Grundregel lautet dabei: Zum Klettern werden nur Füße und Hände benutzt, niemals etwa Ellenbogen aufgelegt oder sogar das Knie eingesetzt!

Einzige Ausnahme bildet dabei die **Klemmtechnik** in der **Risskletterei**: Ein Riss bietet Halt, wenn Sie die Hand mit dem Daumen nach unten hineinschieben und verdrehen oder zur Faust ballen (je nach Breite des Risses). In großen Spalten können Sie einen Arm, das Knie oder sogar eine Körperhälfte verkeilen. Diese Technik bedarf aber viel Übung und sollte zuvor im Klettergarten erlernt werden.

Kamine und enge **Verschneidungen** erfordern eine eigene Technik, die zwar wagemutig und akrobatisch anzuschauen, aber einfach zu erlernen und durchzuführen ist.

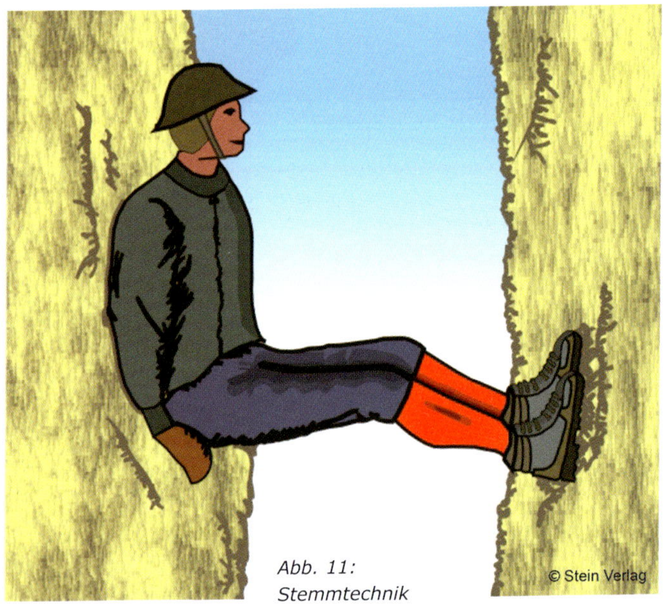

Abb. 11: Stemmtechnik

Benutzen Sie in engen Kaminen die **Stemmtechnik** (Abb. 11), bei der Sie den Oberkörper mit beiden Füßen gegen die gegenüberliegende Wand pressen. In dieser Haltung erzeugen Sie schon mit wenig Druck so viel Reibung, dass Sie völlig sicher eingeklemmt ist. Zum Auf- oder Abwärtsbewegen schieben Sie den Oberkörper etwas nach oben (bzw. unten), indem Sie sich mit den Händen von der Wand abdrücken. Dann führen Sie erst einen, dann den anderen Fuß nach. Auf diese Weise schieben Sie sich wie eine Raupe durch den Kamin - auch in Querrichtung.

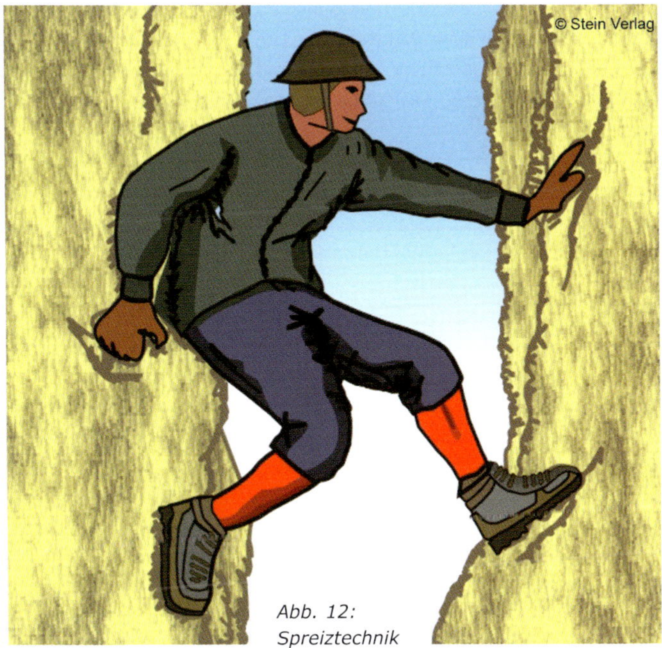

Abb. 12: Spreiztechnik

Weite Kamine oder Verschneidungen, die für das Stemmen zu breit sind, werden in der **Spreiztechnik** (Abb. 12) bewältigt: Dazu drücken Sie sich mit je einem Fuß und einer Hand gegen jede Wand. Zum Vorwärtsbewegen wird jeweils ein Punkt (ein Fuß oder eine Hand) bewegt.

Diese Technik erfordert einige Kraft und starke Nerven, in sehr breiten Kaminen außerdem ein gerüttelt Maß an Gelenkigkeit.

Bei Kletterpartien sind auch die Tritte schwieriger zu finden als auf ebenem Gelände. Oft muss man mit schmalen Kanten vorliebnehmen, manchmal sind nicht einmal diese vorhanden. Dann verlässt man sich auf die Reibungswirkung seiner Sohlen. In beiden Fällen ist darauf zu achten, dass der Fuß mit möglichst großer Fläche den Fels berührt. Bei schmalen Tritten, auf die man nur die Stiefelspitze setzen kann, bleibt der Fuß trotzdem gerade („Hacke hängen lassen"), keinesfalls zieht man die Ferse nach oben. Bei Reibungstritten, hauptsächlich in geneigtem Gelände, bleibt die Ferse besonders tief hängen, um der Stiefelsohle eine möglichst große Auflagefläche zu verschaffen.

Allen Klettertechniken gemeinsam ist, dass sie mit Überlegung und Konzentration ausgeführt werden müssen. Ein nachlässig ergriffener Halt oder ein schlecht ausgesuchter Tritt können fatale Folgen haben. Geduld und Ruhe sind daher die erste „Wandererpflicht".

Gehen auf Eis und Schnee

In höheren Lagen kann es auch im Sommer noch geschehen, dass Sie auf Ihrem Weg ein Firnfeld überqueren müssen. **Gletscher** reichen oftmals noch in tiefere Regionen herab. Da sie aber von Spalten durchzogen sein können, die nur schwer zu erkennen sind, betritt man Gletscher grundsätzlich nur mit Steigeisen, angeseilt und zusammen mit anderen erfahrenen Bergsteigern. Für eine Wanderung ist ein Gletscher daher nicht geeignet, eine Ausnahme bilden markierte und ungefährliche Pfade über kleinere Gletscherabschnitte.

Während die Gletscher wie erstarrte Flüsse in ihren Betten liegen, sind **Firnfelder** oft atemberaubend steil und enden nicht selten übergangslos in schroffem Geröll. Selbst eine Passage von nur 100 m kann da zu einer wahren Mutprobe werden. Mit der richtigen Technik ist die Überquerung eines steilen Eisfeldes jedoch kein Problem und sehr viel einfacher, als es auf den ersten Blick erscheint. Um sich sicher auf Schnee und Eis bewegen zu können, sind feste Bergschuhe unbedingt notwendig. Steigeisen geben den besten Stand und sind bei hartgefrorenen Firn- oder Harschoberflächen oft die einzige Möglichkeit. Wenn Sie nur mit Turnschuhen unterwegs sind, sollten Sie auch schmale oder weiche Firnfelder meiden, denn bei einem Sturz auf dem glatten Untergrund gibt es mit schlechtem Schuhwerk kein Halten mehr.

Gewöhnlich trifft man auf Schneefelder, die quer zum Weg verlaufen und daher entlang der Hangneigung überquert werden. Schnüren Sie die Stiefel fest, bevor Sie das Eis betreten, und legen Sie - falls vorhanden - Steigeisen an. Wenn ein Eispickel mitgeführt wird, dann sollte er jetzt an die Stelle der Wanderstöcke treten. Außerdem empfiehlt es sich, Handschuhe überzuziehen, um im Falle eines Sturzes die Handflächen vor der scharfen Eisoberfläche zu schützen. Auch die Sonnenbrille wird jetzt wichtig, da die Augen einer starken UV-Belastung ausgesetzt werden.

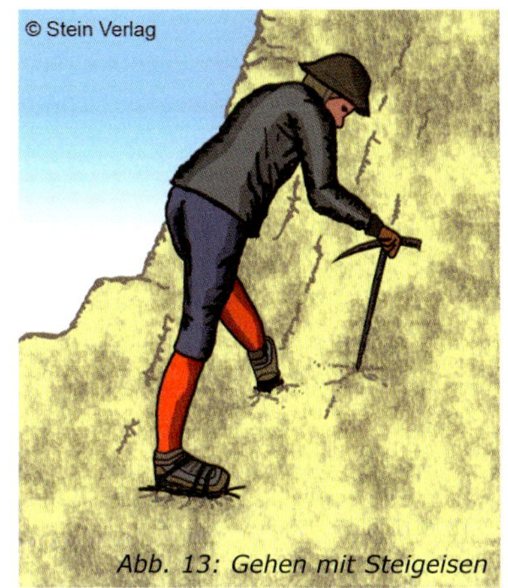

Abb. 13: Gehen mit Steigeisen

Vor der Überquerung eines ausgedehnten Feldes sollten Sie diese Vorbereitungen ruhig zu einer kleinen Pause nutzen, um die Passage dann ohne weitere Unterbrechung durchführen zu können.

Ist man mit einer Gruppe unterwegs, dann übernimmt ein erfahrenes Mitglied die Führung. Auch der Abschluss sollte von einem erfahrenen Wanderer gebildet werden. Sind noch keine gangbaren Spuren geschlagen worden, so fällt dem ersten diese Aufgabe zu. Je nach der Härte des Firns genügt ein kräftiger Einsatz des Stiefels, oder die Stufen müssen mit dem Eispickel geschlagen werden. In sicherem Abstand von einigen Metern folgt der nächste Wanderer.

Der Führende muss darauf achten, dass er den Schrittabstand dem kleinsten Gruppenmitglied entsprechend wählt und die Stufen sorgfältig anlegt. Sie sollten dem ganzen Fuß Halt geben und dabei mit der Spitze leicht bergab weisen. Auf hartem Eis sollte die Stufe zumindest so lang sein wie die Stiefelkante, auch wenn sie nicht sehr tief ist. Die Arbeit des Spurens kann eine anstrengende Aufgabe sein, daher sollte ein anderes, ebenfalls erfahrenes Mitglied zum Ablösen an zweiter Stelle gehen. Beim Führungswechsel bleibt der Vordermann stehen und lässt den nächsten in einem sicheren Abstand auf der Bergseite an sich vorbeigehen.

Jeder Schritt in einem steilen Firnfeld wird mit Bedacht und Sorgfalt ausgeführt. Der Körperschwerpunkt wird wie beim Klettern über das Standbein gebracht. Zum Stufentreten belasten Sie das Standbein und schlagen mit dem anderen aus dem Kniegelenk heraus den nächsten Tritt. Eispickel oder Wanderstock dienen zum leichten Abstützen und werden immer auf der Bergseite getragen. Gruppenmitglieder, die sich auf Eis oder Firn nicht sehr wohl fühlen, gehen im hinteren Teil der Gruppe, um gut ausgetretene Stufen benutzen zu können. Sie sollten auf die Spur oder bergwärts schauen, nie den steilen Hang hinunter.

In weichen Schneefeldern ist das Stufenschlagen kein Problem, wohl aber das Austreten einer gangbaren Spur. Während sich der Führende vielleicht durch einen halben Meter Tiefschnee wühlen muss, hat der Rest der Gruppe wenig Mühe. Entsprechend häufig muss daher gewechselt werden, damit jeder einmal das Vergnügen hat, der „Schneepflug“ zu sein.

Geht es darum, ein Schnee- oder Firnfeld aufwärts zu gehen oder hinabzusteigen, kommt für den Vorangehenden noch eine Aufgabe dazu. Um eine steile Fläche kraftsparend zu ersteigen, muss er einen **Zick-Zack-Weg** bahnen und dabei die Serpentinen so anlegen, dass das schwächste Gruppenmitglied nicht überanstrengt wird. Steile Hänge können Sie auch senkrecht emporsteigen, dazu schlagen Sie die Tritte in geringen Abständen übereinander und seitlich leicht versetzt in das Eis. In sehr steilem Gelände können Sie sich zusätzlich mit den Händen nach vorn abstützen.

Harsch- und Eisfelder betritt man möglichst mit Steigeisen und Eispickel. Das **Gehen mit Steigeisen** (☞ Abb. 13) will geübt sein, Sie sollten sich dazu ein ungefährliches Gelände mit steilen Abschnitten suchen, um sich an die Tritthilfe zu gewöhnen. Grundsätzlich setzt man den steigeisenbewehrten Fuß immer mit deutlich angehobenen Schritten von oben auf das Eis und führt die Füße weiter auseinander, als man es sonst gewohnt ist. Beim Aufsteigen in mäßig steilem Gelände stellt man sie leicht nach außen, um einen besseren Halt zu erreichen.

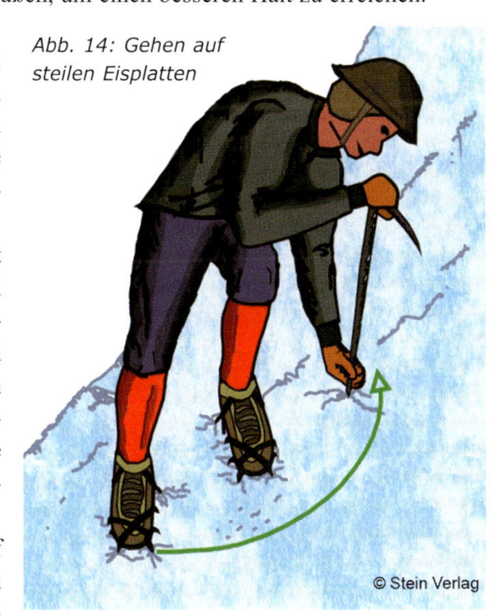

Abb. 14: Gehen auf steilen Eisplatten

Bei sehr **steilen Eisplatten** dreht man die Füße quer zum Hang, die Spitze zeigt dabei leicht talwärts.

Bei jedem Schritt wird das andere Bein am Standbein vorbeigeführt, sodass man die Beine bei jedem zweiten Schritt überkreuzt. Beide Hände führen dabei den Eispickel.

Der Abstieg auf Firn oder Eis wird in der Regel mit dem Gesicht zum Tal durchgeführt. Auch hier geht man in Serpentinen und schlägt Stufen. Nur in sehr steilen Passagen dreht man sich zum Berg. Mit Steigeisen und Pickel können Sie auch bei steilen Abstiegen noch in gerader Linie gehen, beugen Sie dazu die Knie, um die Steigeisen gleichmäßig zu belasten.

Mehr Sicherheit bietet eine Technik, bei der der Eispickel als „Geländer“ eingesetzt wird. Sie bewegt sich dabei schräg zum Hang

Abb. 15: Der Eispickel als „Geländer"

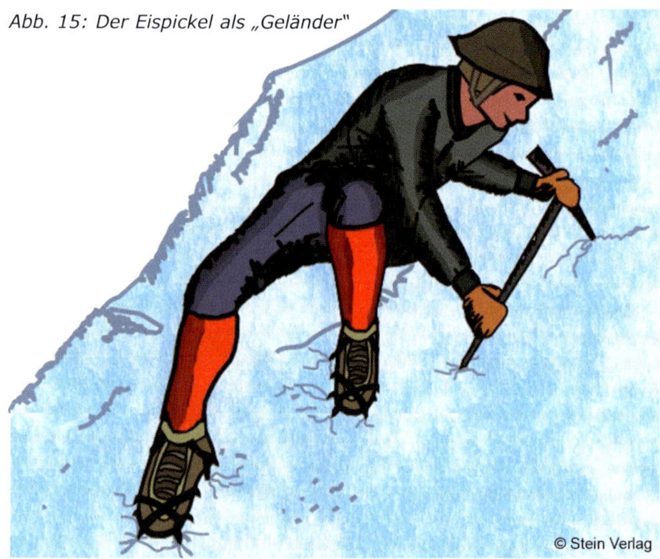

gerichtet und setzen den Pickel mit Haue und Spitze auf. Nun bewegen Sie die Füße einen Schritt nach unten, folgen wieder mit dem Pickel und so fort (☞ Abb. 15).

Sollte es trotz aller Vorsicht dennoch zu einem Sturz kommen, ist rasche Reaktion gefragt. Es gibt nur eine wirksame **Bremstechnik**: Rollen Sie sich sofort auf den Bauch und drücken Sie sich zu einem „Liegestütz" auf Händen und Stiefelspitzen hoch. Dadurch lastet das Körpergewicht nur noch auf einer geringen Fläche und die Bremswirkung ist sehr hoch (☞ Abb. 16).

Wenn Sie einen Rucksack tragen oder mit dem Kopf voran fallen, kann es einen Moment dauern, bis Sie sich in die richtige Lage gedreht haben. In dieser Zeit nehmen Sie natürlich Fahrt auf und der Bremsweg ist entsprechend länger. Behalten Sie die Stellung trotzdem bei, denn es gibt keine Alternative.

An kurzen Hängen lässt sich diese Technik gut üben, hier können Sie alle Varianten einmal ausprobieren: auf dem Bauch, auf dem

Rücken, Kopf voran, Füße voran und alle denkbaren Kombinationen. Ein paar Stunden am Übungshang können das Selbstvertrauen ungemein stärken und steilen Firnfeldern ihren Schrecken nehmen.

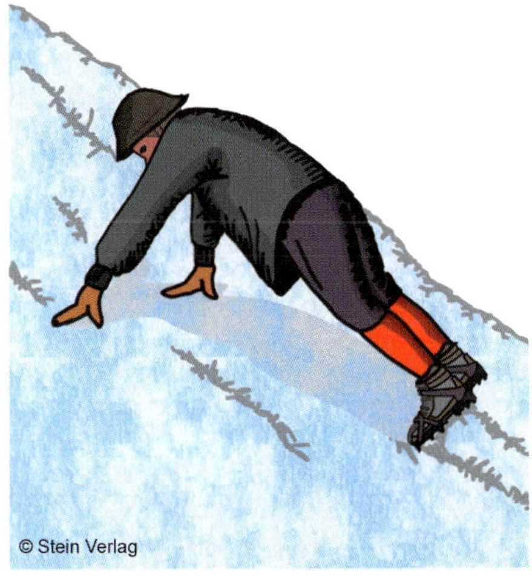

Abb. 16: Bremsen durch Liegestütz

Wenn Sie mit Steigeisen und Pickel unterwegs sind, benutzen Sie eine etwas abgewandelte Technik bei einem Sturz: Klemmen Sie den Eispickel mit dem Schaft zwischen Körper und Oberarm ein und pressen Sie die Haue in das Eis. Halten Sie die Steigeisen unbedingt vom Boden fern und drücken Sie sich stattdessen mit den Knien ab. Der Grund dafür ist, dass beim Bremsen mit den Steigeisen die Gefahr besteht, dass sie zu schnell greifen und Sie überschlagen - danach ist an ein kontrolliertes Abbremsen meist nicht mehr zu denken!

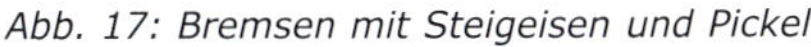

Abb. 17: Bremsen mit Steigeisen und Pickel

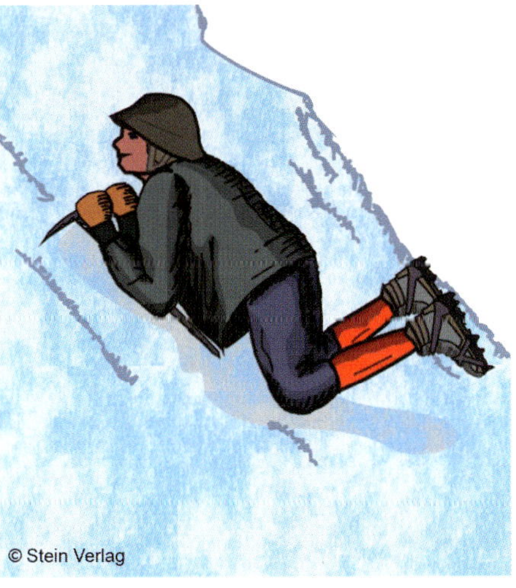

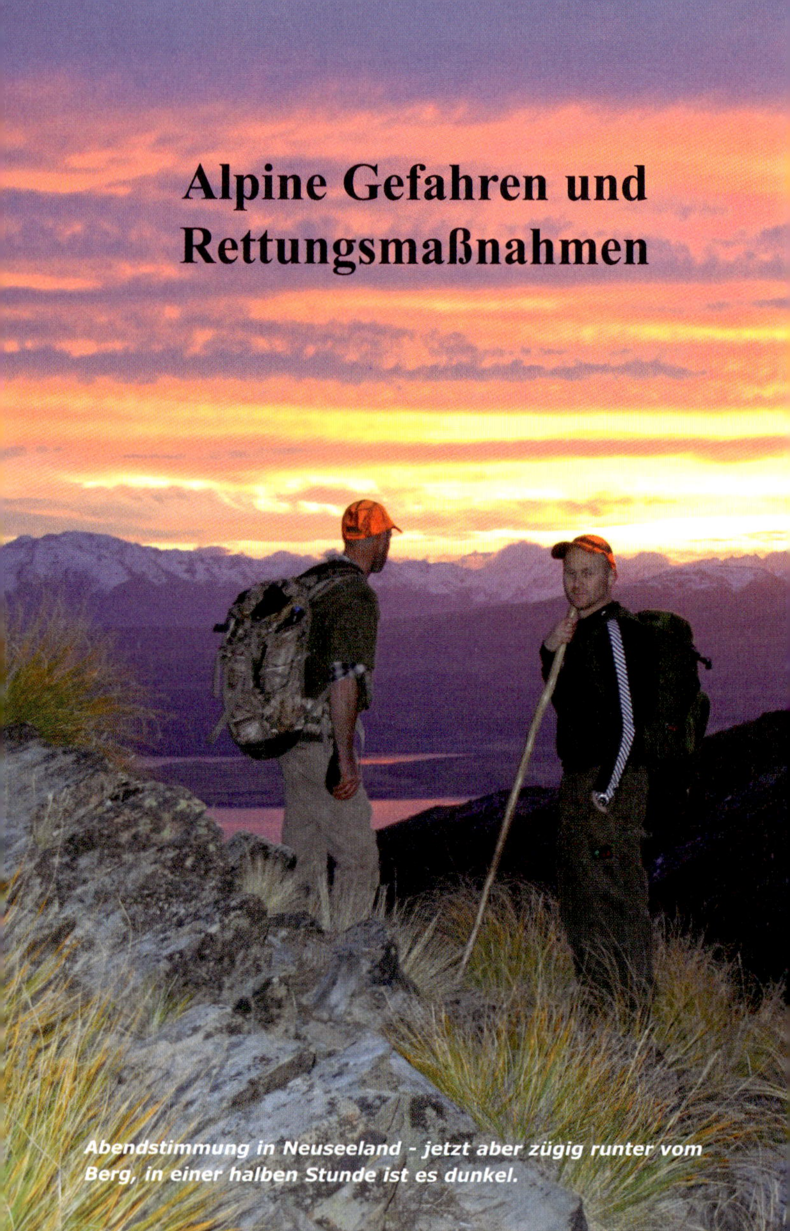

Alpine Gefahren und Rettungsmaßnahmen

Abendstimmung in Neuseeland - jetzt aber zügig runter vom Berg, in einer halben Stunde ist es dunkel.

Bergwandern ist gewiss keine Risikosportart, die Anreise im Auto birgt mehr Gefahren als eine mehrtägige Bergtour. Allerdings betreten Sie ungewohntes Terrain und sollten sich deshalb mit den besonderen Eigenschaften des Gebirges vertraut machen. Dazu gehört auch die Kenntnis über mögliche Gefahren und ihre Vermeidung.

Steinschlag

Sobald Sie sich auf einer Wanderung in steiles Gelände begeben und sich oberhalb Ihres Standpunktes noch Fels oder Geröll befinden könnte, müssen Sie mit Steinschlag rechnen. Wenn Sie auf einer Tour derart gefährliche Passagen erwarten, dann gehört ein Helm zur Grundausrüstung.

Steinschlag kann ganz unwillkürlich auftreten oder von anderen Wanderern oder Gämsen ausgelöst werden. Auch aus massiven Felswänden können sich durch Erosion oder Blitzschlag Brocken lösen und auf ihrem Weg ins Tal weitere herausschlagen. Besonders gefährliche Gebiete sind steile Geröllrinnen und Schnee-/Firnhänge, an die sich Geröllfelder anschließen. Stark erodierende Felsarten (verschiedene Kalkarten, Schiefer), zu erkennen an ausgedehnten Muren am Bergfuß und an der mürben Gesteinsstruktur, sind mit besonderer Vorsicht zu betreten.

Wenn die Sonne am Vormittag die in der Nacht vom Frost gesprengten Felsbrocken erreicht und das Eis schmilzt, das sie noch zusammenhält, ist verstärkt mit Steinschlag zu rechnen. Daher ist an Süd- und Osthängen schon früh Vorsicht geboten, gegen Mittag auch an Nord- und Westhängen. Bei Regen und starkem Wind können sich jederzeit Felsbrocken aus der Wand lösen.

Felsstücke, die eine steile Wand herabstürzen, sind in ihrer Flugbahn nicht berechenbar und erreichen eine hohe Geschwindigkeit. Sie kündigen sich oft durch Poltern und Pfeifen an - hören Sie diese Geräusche nah über sich, dann dürfen Sie auf keinen Fall nach oben schauen und nach der Gefahr suchen, sondern müssen sofort sofort eine Warnung an andere Wanderer rufen und Deckung suchen.

Sehen Sie einen Stein schon aus großer Entfernung kommen, dann beobachten Sie ihn so lange wie möglich, um seine Bahn zu verfolgen. Bei jedem Aufprall verändert er seine Flugrichtung, weichen Sie ihm daher erst spät aus, um nicht doch von einem Querschläger getroffen zu werden. Ist eine Flucht möglich oder eine Deckung nah, dann entgehen Sie der Gefahr auf diese Weise.

Wenn kein Entkommen möglich ist, bieten auch der über den Kopf gehaltene Rucksack oder die Arme einen zusätzlichen Schutz. Drücken Sie sich außerdem nah an den Fels - damit vermeiden Sie auch, von fallenden Steinen zu Tal gerissen zu werden.

Warten Sie noch eine kleine Weile ab, wenn der der Felsregen vorüber ist, denn oftmals folgen einzelne Steine der Masse nach.

Zonen mit häufigem Steinschlag erkennen Sie an dem schwefligen Geruch, der beim Aufprall fallender Felsstücke entsteht, und an frischen „Narben“ in Firnfeldern oder an Felswänden. Hier hinterlassen aufschlagende Steine helle Flecken, auch frische Abbruchstellen sind heller als ihre Umgebung. Viele lose Felstrümmer am Fuße eines Berghangs sind ebenfalls eine deutliche Warnung.

Warten Sie in guter Deckung einen ruhigen Moment ab, wenn Sie ein steinschlaggefährdetes Gebiet durchqueren müssen, und bringen Sie dann die heikle Strecke so zügig wie möglich hinter sich.

Gruppen lassen große Abstände zwischen den einzelnen Mitgliedern, damit immer einige aus sicherer Entfernung das Gebiet oberhalb des Weges beobachten und den Durchquerenden warnen können. Im Auf- und Abstieg dagegen bleiben alle Gruppenmitglieder dicht beisammen, damit losgetretene Steine noch keine große Geschwindigkeit erreicht haben, wenn sie jemand anderen aus der Gruppe treffen sollten.

Falls Sie auf Ihrem Weg in steilem Gelände zufällig einen Stein lostreten sollten, dann rufen Sie unverzüglich und laut „Steine“, um weiter unten gehende Wanderer zu warnen.

Auch wenn Sie sich allein glauben, ist dies selbstverständlich Pflicht. Dass man niemals absichtlich einen Stein in die Tiefe wirft, versteht sich von selbst.

Lawinen

Besonders im Frühjahr, wenn sehr viel Schnee liegt und die Sonne anfängt, ihn zusammenzuschmelzen, drohen Lawinenabgänge. In dieser Zeit ist es unbedingt nötig, vor einer Wanderung einen Lawinenwarndienst anzurufen, der für Tourenskifahrer eingerichtet ist und die Gefahrenstufen für einzelne Gebiete angibt. Aber auch in anderen Jahreszeiten sollten Sie die Gefahr von Schneelawinen nicht unterschätzen. Vermeiden Sie deshalb Wege, die unterhalb vorstehender Schneemassen verlaufen oder durch Gebiete führen, die schon durch andere frische Lawinen gezeichnet sind.

Schnee kann in Form einer Nassschnee-, Pulverschnee-, Schneebrett- oder als Grundlawine zu Tal gehen. Dabei gilt: Je nasser der Schnee, desto höher das Gewicht und desto verheerender die Wirkung. Mit Steinen und Schlamm vermischt kann eine Grundlawine ganze Wälder zermalmen - wer da hineingerät, hat kaum Überlebenschancen. Zum Glück liegt die Hauptsaison für Lawinen noch vor der Zeit für Bergwanderungen, sodass sich beide kaum „ins Gehege kommen“ sollten.

Wenn Sie dennoch von einer Lawine mitgerissen werden, versuchen Sie durch heftiges **Rudern mit Armen und Beinen** an der Oberfläche zu bleiben. Ist man unter dem Schnee begraben, verliert man meist den Orientierungssinn und weiß nicht, wo oben und unten ist. Deshalb hat es auch keinen Sinn, sich ausgraben zu wollen. Im lockeren Schnee ist noch Atemluft für eine ganze Weile enthalten, verhalten Sie sich also ganz still und warten Sie auf die Retter.

Wenn Sie beobachtet haben, dass jemand in eine Lawine geraten ist, versuchen Sie ihn, so lange es geht, im Auge zu behalten, und merken Sie sich die Stelle, an der die Person schließlich verschwunden ist. Holen Sie dann sofort die Bergwacht, die dem Verschütteten mit Hunden und Sonden zu Hilfe kommt.

Auch **Schlamm, Geröll und Erdmassen** können als Lawinen oder Erdrutsch zu Tal gehen. Besonders nach starken Regenfällen steigt hier die Gefahr. Da die Überlebenschance in solch einer Katastrophe gegen Null geht, hilft nur das Vermeiden riskanter Gebiete oder im Notfall schnelle Flucht. Allerdings sind solche Lawinenarten sehr selten und ereignen sich meist zu Zeiten, an denen kein Wanderer in den Bergen ist (bei Unwetter, Sturm etc.).

Gewitter

Wer einmal ein Gewitter in den Bergen miterlebt hat, hat vielleicht einen Eindruck von der unglaublichen Gewalt dieses Naturereignisses gewonnen. In der warmen Stube einer Berghütte kann man dieses Schauspiel wohl bewundern, wird man aber auf dem Weg zum Gipfel von einem Gewitter überrascht, dann steht man plötzlich einer lebensgefährlichen Situation gegenüber.

Wie schon in dem Kapitel „Wetter" geschildert, kann ein Gewitter in sehr kurzer Zeit auftauchen, weil es vielleicht von einem Bergrücken

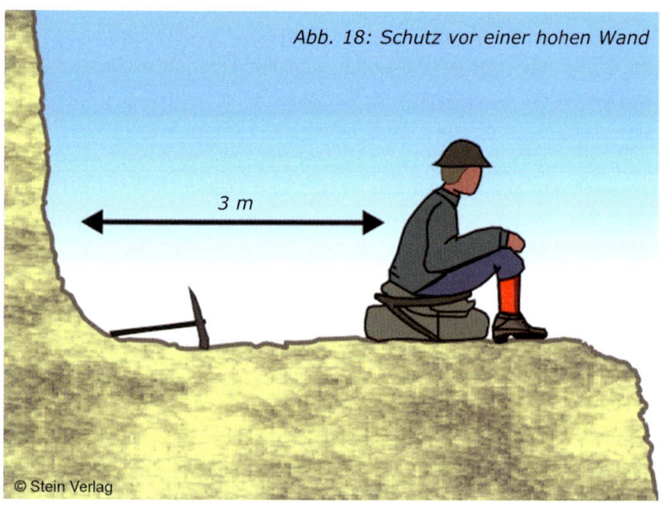

Abb. 18: Schutz vor einer hohen Wand

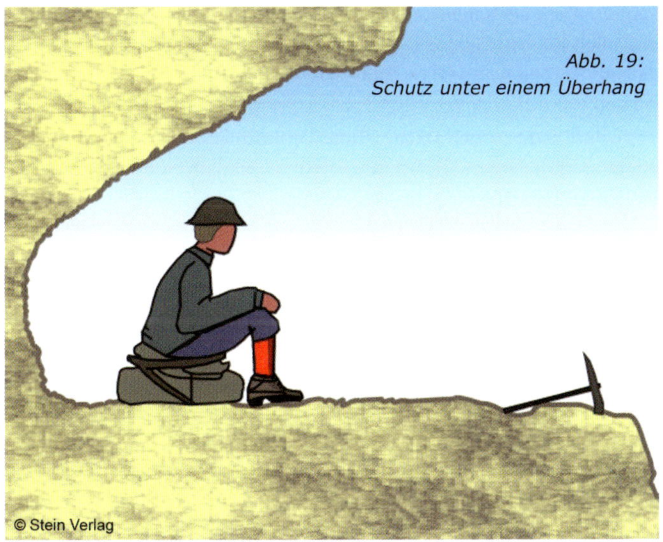

Abb. 19: Schutz unter einem Überhang

verborgen war. Immer aber gibt es deutliche Vorzeichen für erhöhte Gewitterneigung, sodass Sie ausgesetzte Wege am Grat oder zu Gipfeln an gefährlichen Tagen meiden sollten.

Wenn Sie trotzdem von einem Gewitter eingeholt werden, dann sollten Sie rechtzeitig Vorbereitungen treffen, bevor es über Ihnen hereinbricht. Meist kündigt sich das Unwetter mit Schwüle, Windstille und zunehmender Quellbewölkung an, einem unmittelbar herannahenden Gewitter gehen auch starke Böen voraus. Versuchen Sie dann, einfaches Gelände oder feste Wege zu erreichen, und steigen Sie so schnell wie möglich ins Tal ab. Vermeiden Sie dabei exponiertes Gelände wie Grate, Rücken oder Gipfel.

Je höher man sich in den Bergen bewegt, desto näher ist man der Gewitterwolke und damit der Gefahrenzone. Schon vor der Wolke mit Niederschlag, Blitz und Donner spürt man förmlich die Elektrizität in der Luft, ein Kribbeln läuft den Körper herunter und die Haare sträuben sich. Es kann sogar passieren, dass Metallteile anfangen zu surren und sich an Kanten und Spitzen leuchtende Entladungen („Elmsfeuer“)

zeigen. Auch bei schönstem Sonnenwetter kann dies schon eintreten - auf jeden Fall ist erhöhte Vorsicht geboten, denn diese Phänomene sind sichere Vorboten für Blitzschlag. Für den Wanderer bedeutet das, so schnell wie möglich den Gipfel zu verlassen und alle exponierten Plätze zu vermeiden. Auch Bäche, Rinnsale, Liftmasten und Stahlseile (vor allem an gesicherten Klettersteigen) sind tunlichst zu umgehen, da sie bevorzugt von Blitzen getroffen werden.

Bricht das Gewitter herein, bevor Sie dem Gefahrenbereich entkommen konnten, dann suchen Sie sich einen geschützten Platz und warten Sie das Schlimmste ab - meist ist ein Gewitter bald wieder weitergezogen oder abgeschwächt.

Vor einer möglichst **hohen Wand** (☞ Abb. 18) ist es verhältnismäßig sicher, legen Sie alle größeren Metallteile weit von sich (Steigeisen, Pickel, Karabiner, Haken etc.) und setzen Sie sich auf ein isolierendes Polster - das aufgerollte Seil oder den Rucksack. Halten Sie von der Wand einen Abstand von etwa 3 m, um dem bei Blitztreffern an der nassen Felswand herablaufenden Stromschlag zu entgehen.

Ein **Überhang** (☞ Abb. 19) oder eine Höhle sind nur sicher, wenn Sie weit genug darunter kriechen können. Auf keinen Fall darf noch Regenwasser die Wände herunterlaufen. In dem Fall ist es besser, vor dem trügerischen Dach im Regen, aber außerhalb der Gefahrenzone zu sitzen.

Grundsätzlich sollten Sie versuchen, einem Gewitter rechtzeitig aus dem Weg zu gehen. Notfalls müssen Sie sogar eine Tour unterbrechen. Gewitter bringen meist einen Temperatursturz mit sich und können durch Regenmassen und Hagel das Gelände in kurzer Zeit lebensgefährlich verändern. Außerdem hält das unbeständige Wetter auch nach dem Durchzug eines Gewitters oft noch einige Zeit an.

Nacht und Nebel

Der Einbruch der Nacht ist zwar kein zufälliges Ereignis, trotzdem kann eine Wanderung ungewollt bis zur Dunkelheit andauern. Man hat sich vielleicht mit der Weglänge verschätzt, eine Passage war unerwartet schwierig oder ein Weg war nicht zu finden. Nebel kann auch am Tag die Sicht verschlucken, ebenso Wolken, die auf Höhe der Berge liegen.

Auf Firn, Schnee oder Gletschern können solche Wolken zu einem „white-out“ führen: Das Sonnenlicht wird von der Oberfläche und dem Nebel so stark reflektiert und gebrochen, dass keine Konturen mehr zu erkennen sind, Himmel und Boden keinen Unterschied mehr machen und eine Orientierung unmöglich ist.

Grundsätzlich gilt: Bei schlechter Sicht in unsicherem Gelände wird auf jeden Fall haltgemacht und auf Besserung gewartet. Der Nebel wird irgendwann abziehen und die Dunkelheit ist spätestens am nächsten Morgen wieder vorbei. Nur in dringenden Notfällen sollten Sie die Wanderung fortsetzen, wenn z.B. Erfrierungen drohen oder der Standort zu gefährlich ist (durch Steinschlag, Lawinen etc.).

Dass „der Zug abfährt“ oder „die Hütte nicht mehr weit sein kann“, ist niemals ein Argument - von einer klammen Nacht in den Bergen können Sie später abenteuerliche Geschichten erzählen, von einem verfehlten Tritt in der Dunkelheit aber können Sie vielleicht nicht mehr selbst berichten.

Wettersturz

Oft leitet ein ausgiebiges Gewitter eine plötzliche Wetteränderung ein, aber auch eine schnell heranziehende Kaltfront kann die Temperaturen rasch absinken und aus schönem Wanderwetter eine Gefahr werden lassen.

Wenn Sie sich auf einer Bergtour weit von Siedlungen und Unterkünften entfernen, müssen Sie deshalb immer einige Stücke Reservekleidung zur Hand haben. Auch wenn Sie auf Ihrem Weg mehrere Hundert Höhenmeter zurücklegen, mussen Sie mit zunehmender Höhe auch geringere Temperaturen einkalkulieren und entsprechend vorsorgen.

Nässe und Kälte können zu Unterkühlung und Erschöpfung führen, da der Körper sehr viel Energie verbraucht, um sich warm zu halten. Um sich davor zu schützen, nehmen Sie den kürzesten Weg zu einer Unterkunft und bleiben in Bewegung, jeder Fetzen Stoff wird irgendwie als Kälteschutz umfunktioniert. Besteht die Gefahr der Entkräftung, sollten Sie nicht zögern, Hilfe herbeizurufen.

Notbiwak

Wenn eine Unterkunft vor Einbruch der Dunkelheit nicht mehr sicher zu erreichen ist, wenn ein Gruppenmitglied verletzt ist oder das Wetter ein Weiterwandern unmöglich macht, sucht man sich einen geeigneten Platz für ein Notlager. Damit sollten Sie nicht erst beginnen, wenn Sie am Ende seiner Kräfte sind oder die Nacht vollends hereingebrochen ist.

Der Lagerplatz sollte allen Betroffenen Platz bieten, windgeschützt, steinschlag- und lawinensicher sein und einen ebenen Untergrund haben.

Nun richten Sie sich auf eine unbequeme Nacht ein: Breiten Sie Seile, Rucksäcke, Reisig oder Laub unter sich aus, um sich vor der Bodenkälte zu schützen. Je zwei Personen teilen sich einen Biwaksack, der den Wind abhalten und möglichst viel Körperwärme speichern soll. Die Rettungsdecken aus dem Erste-Hilfe-Set isolieren ebenfalls vor Kälte, wenn Sie sie eng um den Körper wickeln. Lockern Sie alle Verschnürungen der Kleidung (Gürtel, Schnürsenkel etc.), um die Blutzirkulation nicht zu beeinträchtigen.

Wenn Sie noch trockene Wechselkleidung im Rucksack haben, dann ziehen Sie diese jetzt an. Feuchte Kleidung kann dabei immer noch getragen werden, aber nicht auf der Haut, sondern außen. Behalten Sie die Stiefel und Handschuhe an. Die Füße können Sie zusätzlich noch in einen Rucksack stecken.

Wenn es sehr kalt werden sollte, dürfen Sie nicht einschlafen und müssen sich immer wieder strecken und bewegen, um die Blutzirkulation anzuregen. In einer Gruppe sollten sich die Mitglieder untereinander durch häufiges Ansprechen etc. wachhalten.

Verhalten nach einem Unfall

Auch wenn Sie alle Vorsichtsmaßnahmen berücksichtigt haben, kann sich dennoch ein Unglück ereignen. Aus diesem Grund sollten Sie während einer Wanderung immer Rückzugsmöglichkeiten, Unterkünfte und Hilfsmöglichkeiten bedenken.

Hat ein Gruppenmitglied sich eine Verletzung zugezogen, dann sind die folgenden Verhaltensregeln unbedingt zu beachten:

- ▷ Den Verletzten aus der Gefahrenzone auf einen ebenen und sicheren Untergrund schaffen.
- ▷ Lebenswichtige Sofortmaßnahmen treffen (Stillung stark blutender Wunden, Wiederbelebung).
- ▷ Hilfe holen (Alpines Notsignal, Funk, Abstieg eines Helfers).
- ▷ Den Verletzten richtig lagern und bis zum Eintreffen der Retter betreuen.

Viel kann davon abhängen, wie der Betroffene nach einem Unfall gelagert wird. Legen Sie ihn je nach der Art der Verletzung in diesen Stellungen auf eine weiche Unterlage (Isomatte, Jacken o.ä.):

- ▷ Bei **Beckenbruch** oder **Rückenwirbelverletzung**: flach auf den Rücken, wenig bewegen
- ▷ Bei **Fleischwunden** oder **offenen Brüchen**: betroffenen Körperteil hochlegen
- ▷ Bei **Schock**: Rückenlage, Kopf tiefer als Beine
- ▷ Bei **Hitzschlag** oder **Schlaganfall**: Rückenlage, Kopf höher als Beine
- ▷ Bei **Kopfverletzung**: aufrechte Sitzhaltung, z.B. mit Rucksack abgestützt, Kopf stabilisiert (bei einer Gesichtsverletzung: Bauchlage)
- ▷ Bei **Bewusstlosigkeit**: immer stabile Seitenlage
- ▷ Bei **Rippenverletzung**: Rückenlage, Oberkörper etwas angehoben

Wenn mit baldiger Rettung zu rechnen ist, sollten Sie den Verletzten zwar gut versorgen, aber nicht versuchen, komplizierte Verbände (z.B. zum Schienen von Brüchen) anzulegen, da die Sanitäter diese grundsätzlich entfernen und selbst anlegen müssen.

Nur bei leichten Verletzungen sollten Sie erwägen, den Verletzten selbst abzutransportieren. Bei Kopf- und Rückenverletzungen oder dem Verdacht auf innere Verletzungen dürfen Sie einen Verunglückten jedoch nur so wenig wie möglich bewegen und sollten ihn von einem Rettungsdienst bergen lassen.

Wenn ein Mobiltelefon zur Hand ist oder Sie eine Hütte mit Telefon erreicht haben, rufen Sie die Bergrettung oder einen anderen Notfalldienst an und geben Namen und Zahl der Betroffenen, die Art der Verletzung bzw. des Unfalls, die eigene Nummer für einen eventuellen Rückruf und den Standort so genau wie möglich an.

Das **Alpine Notsignal** ist ein im Alpenraum übliches Zeichen, mit dem Hilfe angefordert werden kann: Geben Sie sechs Mal ein Signal (Leuchtrakete, Rufen, Winken, Trillerpfeife etc.) in Abständen von zehn Sekunden, setzen Sie eine Minute aus und wiederholen Sie diesen Vorgang so oft wie nötig. Das Antwortsignal besteht aus drei Signalen innerhalb einer Minute.

Rote Leuchtraketen, im Taschenformat leicht mitzuführen, bedeuten in allen Regionen ein Notsignal.

Wenn Sie sich in sehr abgelegenem Gelände befinden oder niemand auf das Signal reagiert hat, muss ein Begleiter Hilfe herbeiholen. Diese Aufgabe fällt dem Erfahrensten zu, denn von seinem Erfolg hängt das Wohl des Verletzten ab. Daher soll er sich zwar beeilen, darf aber keinesfalls unvorsichtig werden und muss beim Abstieg umso umsichtiger vorgehen. Mindestens eine Person sollte bei dem Verunglückten bleiben.

Die **Unfallmeldung** bei der örtlichen Polizei oder einem Rettungsdienst sollte die „Fünf W“ enthalten:

- ▷ **Was** ist geschehen (Unfallhergang, Zahl der Verletzten, Art der Verletzung)?
- ▷ **Wo** ist es geschehen (genaue Angabe des Unfallorts bzw. des Standortes des Verletzen)?
- ▷ **Wann** ist der Unfall geschehen?
- ▷ **Wie** ist das Unfallgelände beschaffen (Geländeform, Wetter- und Windverhältnisse, Wegzustand)?
- ▷ **Wer** meldet den Unfall?

Die Bergwacht oder die Polizeiwache übernehmen die Organisation der Bergung. Wenn der Unfallort weit entfernt ist und das Wetter es zulässt, wird dabei ein **Hubschrauber** eingesetzt.

Bei unsicheren Verhältnissen kann dieser auf die Mithilfe der bei dem Verletzten zurückgebliebenen Personen angewiesen sein. Diese sollten schon von Weitem durch Winken auf sich aufmerksam machen und den Piloten so zum Unfallort weisen.

Damit ein Helikopter landen kann, darf der Wind am Boden nicht zu stark und böig sein. Der Landeplatz muss eben und frei von Bäumen sein, außerdem muss ein Sicherheitsabstand von 100 m zu Hochspannungsleitungen, hohen Bäumen und Liftseilen eingehalten werden.

Alle losen Gegenstände (Kleidung, Decken, Zelt etc.) müssen sicher verstaut oder befestigt sein, damit sie vom Rotor des Hubschraubers nicht fortgeblasen werden können. Unter Umständen werden vom Hubschrauber Fragen abgeworfen oder über Lautsprecher gestellt.

Es gibt zwei internationale Zeichen, mit denen Sie darauf reagieren können: ☞ nächste Seite

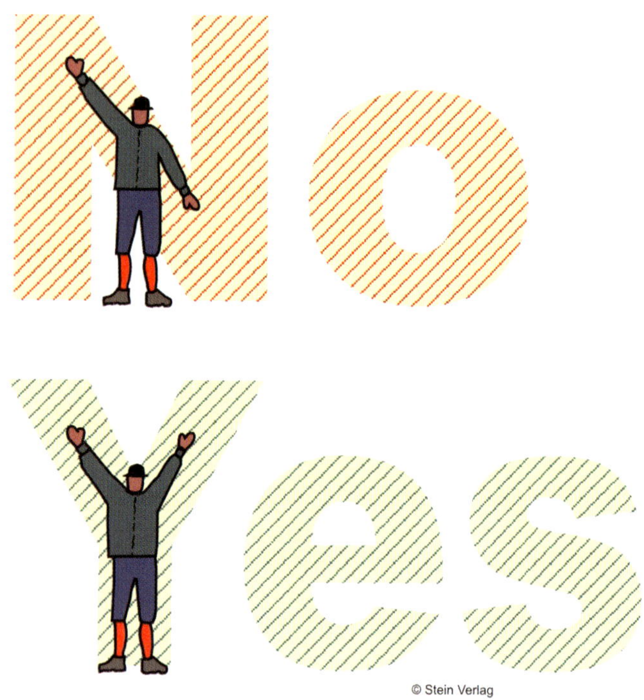

NO bedeutet: nicht landen
keine Hilfe nötig
nein (bei Fragen)

YES bedeutet: hier landen
brauche Hilfe
ja (bei Fragen)

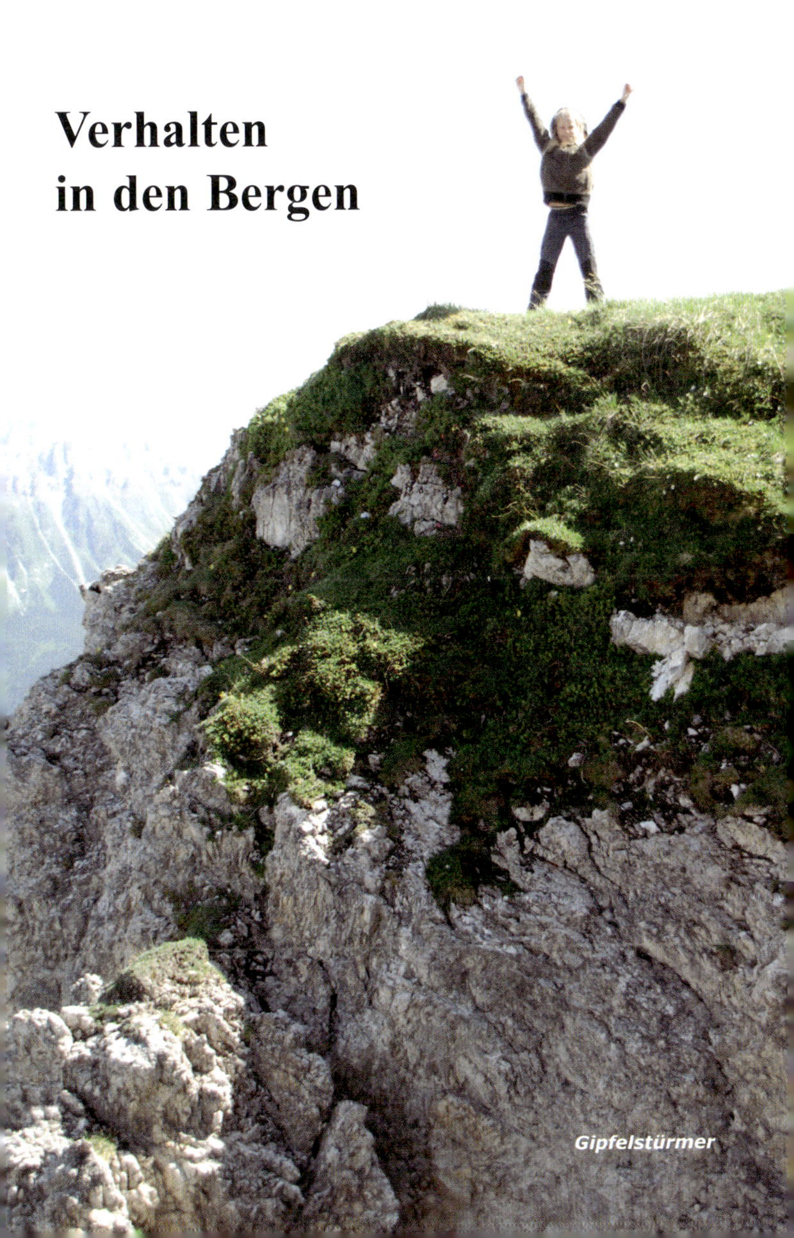
Verhalten
in den Bergen
Gipfelstürmer

Alpin-Etikette

Für die meisten ist eine Bergtour ein Urlaub vom alltäglichen Trott und vielleicht eine Gelegenheit, Ruhe zu finden. Der eine zieht gern still seiner Wege, der andere rückt ausgelassen mit einer Gruppe Freunde zu Berge. Dabei ist es oft nicht zu vermeiden, dass man sich unterwegs begegnet. Ich möchte ein paar Gedanken zur „Etikette" am Berg anbieten: Die Berge sind für alle da. Weder Mountainbiker, Extremalpinisten, Familienwanderer, Vogelkundler noch Alphornbläser oder Gleitschirmflieger haben mehr Anrecht auf „ihren" Berg als andere und keine dieser Betätigungen hat einen Vorrang vor einer anderen. Es gibt allerdings ein paar Regeln für jede von ihnen, geschriebene und ungeschriebene. Die könnte man jetzt auflisten und hätte dann vielleicht eine „Alpin-Hausordnung" - kein schöner Gedanke.

Ein Wort genügt eigentlich als Spielregel, und das ist „Respekt". Respekt vor der Natur, seinen Mitmenschen und seinen eigenen Grenzen.

▷ Wer die Natur respektiert, wird sich an die Wege halten, keinen Müll zurücklassen, Pflanzen und Tiere schonen. Er wird anerkennen, dass es Gegenden gibt, die man nicht betreten sollte, und dass nicht in jeden Winkel eine Straße oder Seilbahn führen muss. Beim Wandern gibt es kein Gleichgewicht von „Geben" und „Nehmen" zwischen uns und der Natur. Wir sind ganz auf der „Nehmen"-Seite - seien wir also bescheiden!

▷ Auch andere haben ein Anrecht darauf, in den Bergen zu sein und sich auf ihre Weise dort zu betätigen. Wenn wir verstehen, dass uns alle der Spaß an der Natur verbindet, werden wir über niemanden die Nase rümpfen, nur weil er Fahrrad oder Bergschuh benutzt, bunte High-Tech-Kleidung oder rotkariertes Hemd mit Kniebundhose trägt, keinen oder alle Achttausender bezwungen hat. Respektieren wir, dass ein Hüttenwirt in der Hochsaison Nerven zeigt oder eine Jugendgruppe ein anderes Verständnis von Erholung hat als ein Börsenmakler. Ein paar Schritte weiter den Berg hinauf ist es schon wieder vergessen.

In den meisten Wandergebieten ist es ein schöner Brauch, Entgegenkommende zu grüßen. Im Hochsommer an der Kampenwand würde man zwar vor lauter Grüßen nicht zum Atmen kommen, aber in einsameren Gegenden kann man durchaus ein paar Worte mehr wechseln. Schließlich kommt der Gegenüber aus der Richtung, in die man gehen will, vielleicht hat er einen nützlichen Rat?

▷ Wenn wir unsere eigenen Grenzen kennen und respektieren, können wir eine Bergtour erst richtig genießen. Die Tagesetappen sind so geplant, dass wir sie erreichen, ohne uns zu überfordern, und wir begegnen keinen alpinen Schwierigkeiten, die unser Können überschreiten. Mit wachsender Erfahrung lernen wir unsere Grenzen besser einzuschätzen. Aber wir sollten diese Erfahrung nicht nur uns und unseren Partnern zugutekommen lassen, sondern auch mit anderen Wanderern teilen. Wenn wir beobachten, dass jemand mit Turnschuhen in eine Felswand einsteigen will oder ohne Ausrüstung auf einen Gletscher losmarschiert, sollten wir ihn auf die Gefahren ansprechen. Das ist keine Überheblichkeit, sondern Fürsorge, und wird von intelligenten Menschen auch so verstanden werden.

Naturschutz

Wanderer zieht es in die Berge, weil sie die Umgebung und die Natur genießen wollen. Dafür geben sie ihren Urlaub her und reisen oft weite Strecken mit Auto oder Zug.

Trotzdem sollte man sich in den Bergen immer als Gast sehen und sich dementsprechend verhalten - wohlgemerkt als Gast der Natur. Je weniger Schaden man ihr auf einer Tour zufügt, desto länger wird man sich an einer natürlichen und unbelasteten Umgebung erfreuen können.

Einige Punkte sollten Sie deshalb bei jedem Aufenthalt beachten:

▷ **Müll** kommt wieder in den Rucksack und wird im Talort entsorgt. Auch auf Berghütten sollten Sie so wenig Abfall wie möglich hinterlassen, da die Bewirtschafter diesen aufwendig fortschaffen müssen.

- ▷ Wo **Wanderwege** angelegt sind, sollten Sie diese auch benutzen. Sie führen fast immer in der Ideallinie durch die Berge. Besonders das „Abschneiden“ von Serpentinen beim Abstieg bringt großen Schaden, denn das Regen- und Schmelzwasser folgt diesen neuen Pfaden und frisst schnell tiefe Rinnen in die Bergflanken.
- ▷ Wenn Sie bunte Kleidung tragen und sich in normaler Lautstärke unterhalten, kann das **Wild** Sie schon von Weitem kommen hören und ruhig eine Deckung aufsuchen. Aufgeschreckte Tiere können bei der Flucht verunglücken und verbrauchen sehr viel mehr Energie als gewöhnlich, die sie oft nur durch das Verbeißen von Bergwäldern wiedergewinnen können.
- ▷ Bauern, die ihre **Felder** in den Bergen bewirtschaften, haben es besonders schwer. Sie sollten deshalb keine Wiesen vor der Mahd betreten und Gattertore sorgfältig wieder verschließen.
- ▷ **Lokale Verbote und Vorschriften** über das Verhalten in den Bergen sind nicht etwa als Schikane gedacht, sondern ergeben sich oft genug als Konsequenz falschen Verhaltens anderer Wanderer. Daher sollte ihnen Folge geleistet werden, auch wenn Sie dadurch vielleicht einen Umweg in Kauf nehmen müssen.
- ▷ Selbstverständlich können Sie schon bei der **Anreise** etwas für die Umwelt tun, indem Sie z.B. den Zug nehmen oder Fahrgemeinschaften bilden.

Durch naturgerechtes Verhalten werden Sie selbst Ihre Wanderung intensiver genießen und können vielleicht anderen ein Vorbild sein.

Gerade in diesen Zeiten, in denen der Andrang auf die Berge von Jahr zu Jahr zunimmt, ist jeder Einzelne gefordert, die Natur zu seinem eigenen Nutzen zu erhalten und zu schützen.

🕮 **Sport und Natur** - *bewusster draußen unterwegs* von Alexandra Albert, Conrad Stein Verlag, OutdoorHandbuch Band 239, ISBN 978-3-86686-275-3, € 8,90

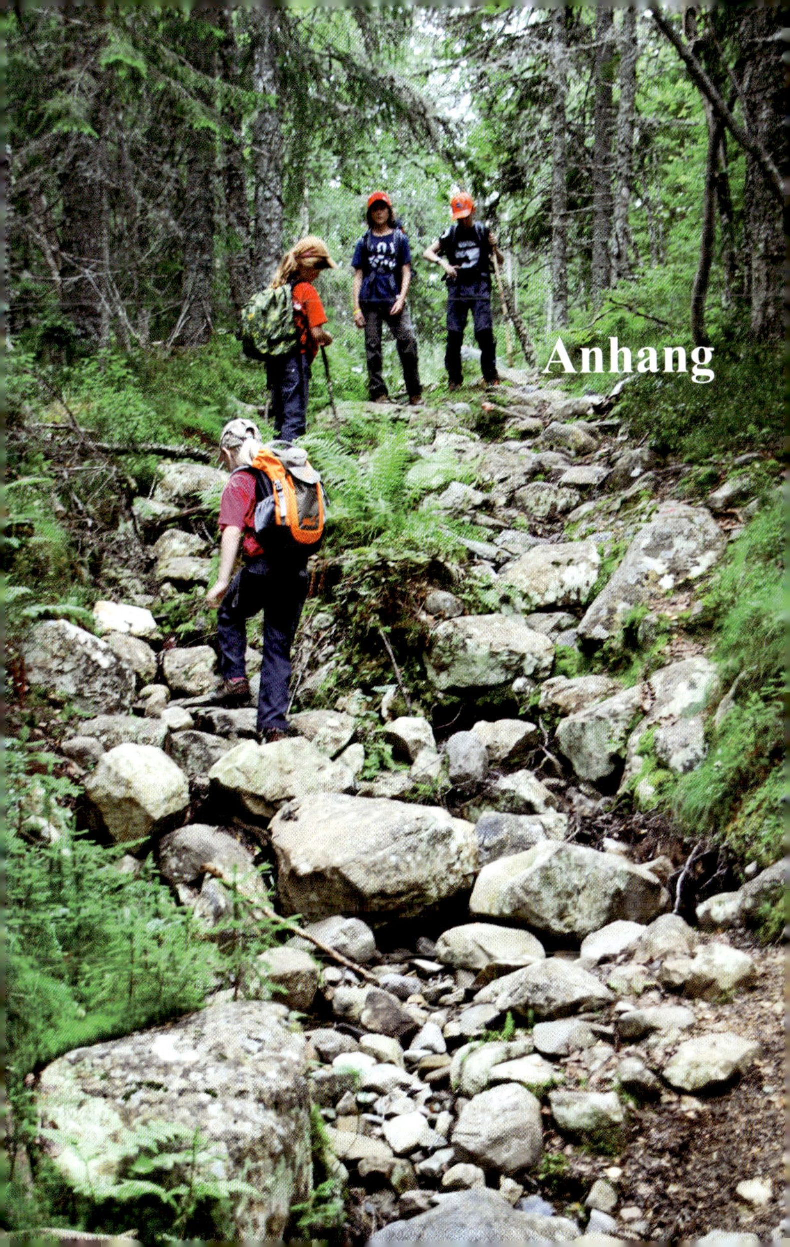

Anhang

Adressen von Alpenvereine

- **Deutscher Alpenverein** (DAV), Von-Kahr-Str. 2-4, 80997 München, ☏ 089/140 03-0, info@alpenverein.de, www.alpenverein.de
- **Österreichischer Alpenverein** (OeAV), Olympiastr. 37, 6020 Innsbruck, ☏ +43 (0)5 12/595 47-0, FAX +43 (0)5 12/595 47-50, office@alpenverein.at, www.alpenverein.at
- **Schweizer Alpen-Club** (SAC), Monbijoustrasse 61, Bern 23, ☏ +41 (0)31 370 18 18, FAX +41 (0)31 370 18 00, info@sac-cas.ch, www.sac-cas.ch, www.jo-cas.ch (Sektionen des SAC)
- **Club Alpino Italiano** (C.A.I.), Via E. Petrella, 19 - 20124 Milano, ☏ +39 (0)2/205 72 31, FAX +39 (0)2/205 72 32 01, www.cai.it
- **Alpenverein Südtirol** (AVS), Vintlerdurchgang 16, 39100 Bozen, ☏ +39 04 71/97 81 41, FAX +39 04 71 /98 00 11, office@alpenverein.it, www.alpenverein.it
- **Den Norske Turistforeningen** (DNT), Youngstorget 1, 0181 Oslo, ☏ +47 40 00 18 68, info@turistforeningen.no, www.turistforeningen.no

Wetter-Vorhersagen

- Tages-Vorhersage: www.wetter.info
- Service der Wetterdienststelle Innsbruck im Auftrag von DAV und OeAV:
  Deutschland/Österreich: ☏ 089/29 50 70, persönliche Beratung (Mo-Fr 13:00-18:00): ☏ 00 43/512 29 16 00
  Südtirol (Tonband): ☏ 00 39/04 71 27 11 77
  Schweiz (Tonband): ☏ 00 41/848-800-162
- Wettervorhersage international: weather.noaa.gov

Webseiten

Das Informationsangebot im Internet wächst rasch, und heute gibt es eine Reihe gut gemachter Websites, auf denen Sie sich Tourentipps, Wettervorhersagen, Hüttenadressen etc. zusammensuchen können.

- Eine gute Suchmaschine für Links zu alpinen Sites weltweit gibt es unter www.alpinweb.de.

- ♦ Für alle Infos zu Hüttenbelegung, Wegzustand etc.: 💻 www.alpine-auskunft.de und 💻 www.alpenverein.de/DAV-Services/Alpine-Auskunft
- ♦ Eine Auswahl der Alpenvereins-Webseiten finden Sie oben (☞ Alpenvereine).

Glossar

Abfahren: Beim Wandern: Bergabgleiten auf Firn- oder Geröllfeldern auf den Stiefelsohlen

Achter: Abseilkarabiner

Akia: Bergungsschlitten für den Winter

Bandschlinge: Flacher Gewebeschlauch, wird wie ein Bergseil benutzt, extrem belastbar.

Bergschrund: Waagerechter Spalt, der in steilen Firnfeldern entsteht.

Bergseil: 40-50 m langes, 10-12 mm breites Spezialseil für Bergsteiger

Bergseite: Die dem Berg zugewandte Seite

Biwak: Behelfs- oder Notlager

Bühler: Dauerhaft eingesetzter Sicherungspunkt im Fels

Dach: Horizontal vorspringender Fels

Doppelseil: Zwei Halbseile, die wie ein Bergseil benutzt werden.

Firns: Unvollständig abtauendes fixes Eisfeld, aus Schnee entstanden

Firngleiter: Sehr kurze Ski, die als Abstiegshilfe für Schnee- und Eisfelder benutzt werden.

Grat: Scharfer Höhenzug zwischen zwei abfallenden Flanken

Grödeln: Steighilfen auf Eis, werden unter die Stiefel geschnallt.

Halbseil: Dünnes Bergseil (ca. 8 mm)

Harsch: Angetauter und wieder gefrorener Schnee

Hüttenschlafsack: Dünner Stoffschlafsack als Bettwäscheersatz für Berghüttenlager

Kamin: Senkrechter, schmaler Spalt zwischen zwei parallelen Felswänden

Klamm: Tief eingeschnittener Bachlauf mit steilen Seitenwänden

Klettersteig: Mit künstlichen Hilfsmitteln gesicherter Bergpfad

Loipe
Langlaufspur im Schnee

Mure: Schutthalde aus Geröll am Fuß einer Bergwand

Nase: Spitzer Felsvorsprung

Pass: Übergangsstelle in einem Gebirge

Platteneisen: Steigeisen, die ohne Gelenk unter dem Schuh entlanglaufen.

Prusikschlinge: Doppelt körperlange Reepschnur zum Hinaufklettern am Bergseil

Reepschnur: Dünnes Seil (2-6 mm)

Rücken: Sanfter Höhenzug zwischen zwei abfallenden Flanken

Sattel: Senke zwischen zwei sanften Gipfeln

Schraffen: Darstellung sehr steilen Geländes auf Landkarten

Schrofen: Geröllgelände

Seilgeländer: Fixe Sicherung in schwierigem Gelände

Traverse: Quergang beim Klettern

Überhang: Felswand, die mehr als 90° geneigt ist.

Verschneidung: V-förmiger, senkrechter Felseinschnitt

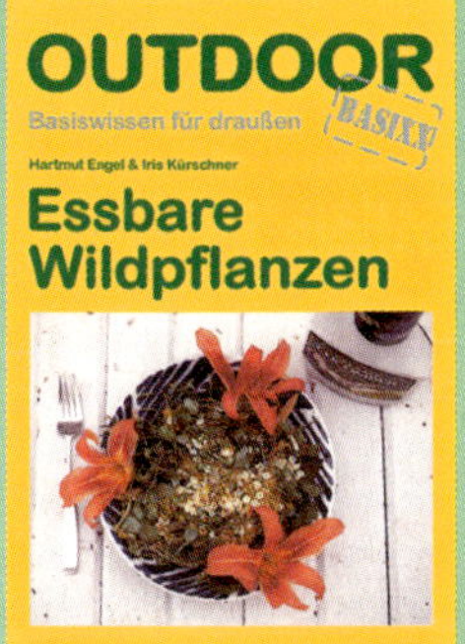

OUTDOOR
Basiswissen für draußen
BASIXX
Hartmut Engel & Iris Kürschner
Essbare Wildpflanzen

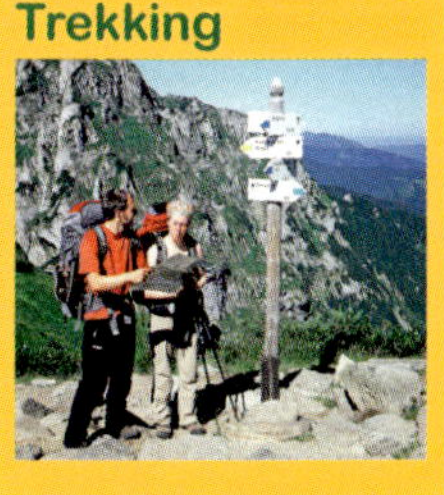

OUTDOOR
Basiswissen für draußen
BASIXX
Michael Hennemann
Trekking

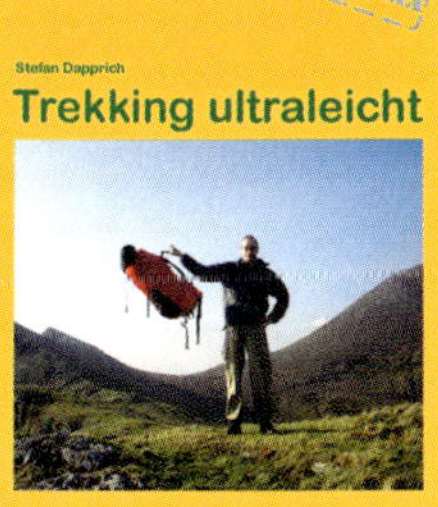

OUTDOOR
Basiswissen für draußen
BASIXX
Stefan Dapprich
Trekking ultraleicht

Buchtipps aus dem

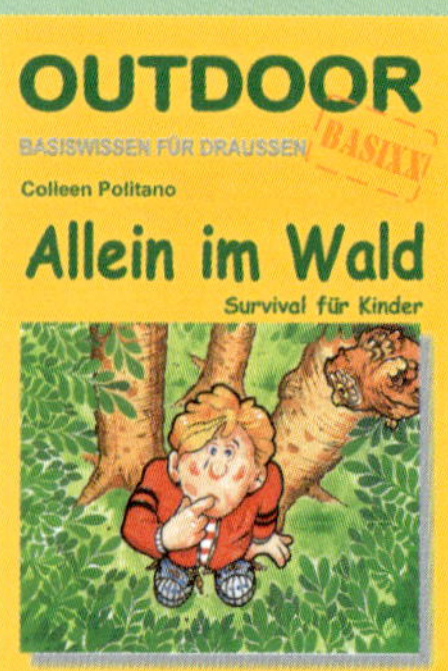

Allein im Wald

Colleen Politano
OutdoorHandbuch Band 14
Basiswissen für draußen
87 Seiten ▸ 33 farbige Abbildungen
18 Illustrationen

ISBN 978-3-86686-014-8

>> tz: *„Hätten Hänsel und Gretel nur dieses Buch gehabt! [...] Große Schrift und Ausmalbilder machen das Buch vollends kindgerecht."*

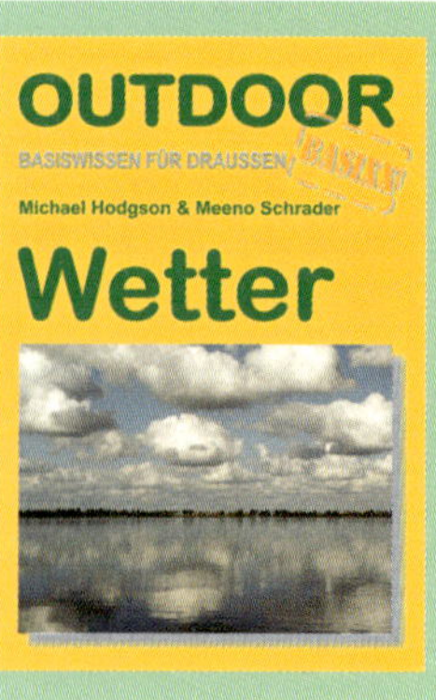

Wetter

Michael Hodgson & Meno Schrader
OutdoorHandbuch Band 13
Basiswissen für draußen
91 Seiten ▸ 32 farbige Abbildungen
21 farbige Illustrationen

ISBN 978-3-86686-013-1

>> **Nordis:** *„[...] jeder kann lernen, wie man mit und ohne Instrumente zu einem echten Wetterfrosch wird. Ein handliches Büchlein für unterwegs."*

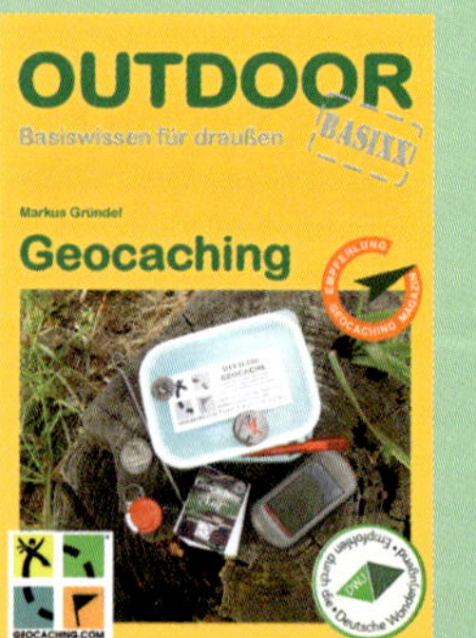

Geocaching

Markus Gründel
OutdoorHandbuch Band 203
Basiswissen für draußen
224 Seiten ▸ 119 farbige Abbildungen
9 Illustrationen

ISBN 978-3-86686-384-2

>> **Wanderbares Deutschland**: *„Das Handbuch informiert umfassend über die Grundlagen der modernen Schatzsuche"*

Conrad Stein Verlag

Karte · Kompass · GPS

Reinhard Kummer
Out doorHandbuch Band 4
Basiswissen für draußen
125 Seiten ▸ 85 farbige Abbildungen

ISBN 978-3-86686-374-3

>> **Berlin Alpin:** „*Diese kleine Navigationslehre enthält die Grundkentnisse der Standortbestimmung mit den 3 Navigationsmitteln Karte, Kompass und GPS.*"

Spuren und Fährten

Hartmut Engel
OutdoorHandbuch Band 30
Basiswissen für draußen
125 Seiten ▸ 46 farbige Abbildungen
39 farbige Illustrationen

ISBN 978-3-86686-353-8

>> **Lauffeuer:** *Dieses Buch „kann dazu anregen, sich bewusster mit der Vielfalt der Natur auch vor der eigenen Haustür auseinanderzusetzen."*

How to shit in the Woods

Kathleen Meyer
OutdoorHandbuch Band 103
Basiswissen für draußen
118 Seiten ▸ 29 schwarz-weiße Abbildungen
10 Illustrationen

ISBN 978 3 86686-103-9

>> **Trekkingbike:** „*Ein erfrischend locker und informativ geschriebenes 'Fachbuch', jedem ans Herz zu legen, der draußen schon einmal musste, oder dem das noch bevorsteht.*"

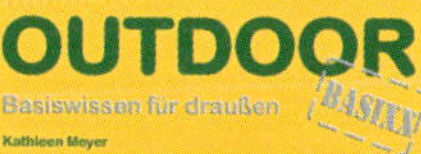

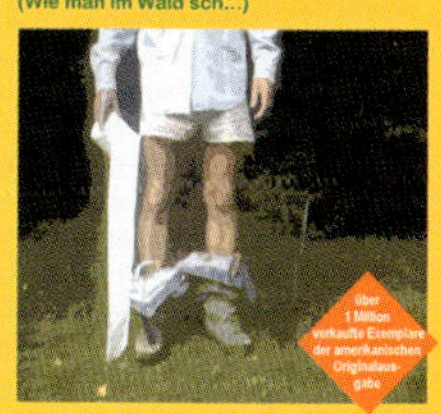

Index

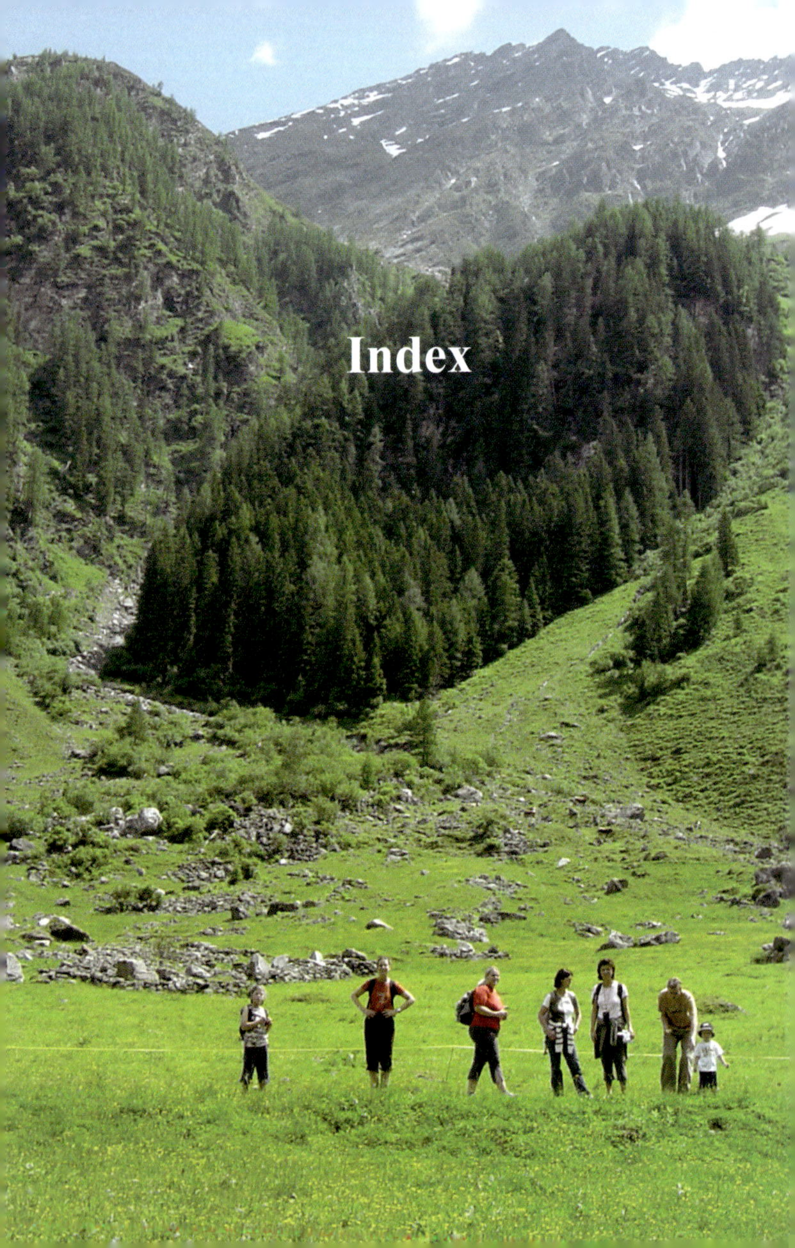